Dana Schwarz-Haderek

KALEIDOSKOP

Lebenswege

adakia Verlag UG (haftungsbeschränkt)
Richard-Wagner-Platz 1, 04109 Leipzig

Bibliographische Information der Deutschen Bibliothek:
Die Deutsche Bibliothek verzeichnet diese Publikation in der
Deutschen Nationalbibliographie; detaillierte Daten sind im
Internet über die Homepage http://www.dnb.de abrufbar.

Gesamtherstellung: adakia Verlag, Leipzig
Bildnachweis: picture-alliance / dpa / Wolfgang Kumm

1. Auflage, April 2023
ISBN 978-3-941935-29-7

Mein Dank gilt all jenen,
die die Zeilen dieses Buches mit
ihrem persönlichen Erleben füllen.

»Die Erinnerung ist der Schlüssel. Wir sind, was wir sind, weil wir erinnern, was wir erlebt haben.«

Dr. Eric Kandel,
Neurowissenschaftler und Hirnforscher

Über Nacht verschwand die kleine Welt der Kindheit.
Sie löste sich auf.

Das eigene Land schrumpfte ins Nichts und verblieb fortan als bloßer Eintrag in zukünftigen Geschichtsbüchern. Eine kurze Sequenz von vier Jahrzehnten, die nachfolgende Generationen als Merkzahlen im Unterricht lernen würden. Wir standen an der Schwelle zur Jugend, zum Erwachsenwerden und die Fragmente der Vergangenheit boten keinen Halt mehr. Ehemals verlässlich ausgetretene, Sicherheit vermittelnde Wege, die die Heranwachsenden noch kurz zuvor äußerst selbstverständlich beschritten hatten, waren vollumfänglich weggebrochen. Bekannte Perspektiven rückten außer Sichtweite.

Stattdessen standen wir unerwartet vor großen, nigelnagelneuen Türen, die wir öffnen sollten. Aber wie? Keiner konnte uns sagen, was hinter diesen liegen würde. Unsere Eltern, Großeltern, Lehrer und all die anderen, längst erwachsenen Wegbegleiter sahen sich selbst der unvermittelt eingetretenen Herausforderung gegenüber, ein bereits etabliertes Leben in neue, noch unbekannte Bahnen einspuren zu müssen. Vielfach waren sie dabei erschöpfend mit sich selbst beschäftigt. Wovon hätten sie uns auch berichten sollen? Sie kannten das Morgen doch ebenso wenig im ambivalenten Strudel aus Jubel, Hoffnung, neuer Freiheit und verlorener Vertrautheit.

Langsam entwuchsen wir unseren Elternhäusern und der Tag kam, an dem wir die Klinken der Türen ins Leben erstmals herunterdrücken sollten. In den Turbulenzen der Wendejahre, die einem Glücksrad glichen, das die Weichen täglich neu stellte, konnte niemand ahnen, was wir für uns entdecken und wo wir uns finden würden. Wir traten durch unseren gemeinsamen Türrahmen ins entstehende Gebäude einer Gesellschaft, die sich neu formte. Für manche war es ein Schritt in die vermeintlich bodenlose Leere, andere hofften auf Straßen voller Gold und fanden dieses verheißungsvolle Pflaster hier und da sogar.

Die Wahrheit um unsere Jugend, unseren Erfolg im Leben und unsere Träume liegt wohl irgendwo zwischen Vakuum und Hochglanz. Wir alle teilen trotz der persönlichen Vielfältigkeit der Familien und Freundeskreise eine gemeinsame, vergleichbare Kindheit entlang uniformer ostdeutscher Strukturen und splittern dann mit dem Fallen der Berliner Mauer und der innerdeutschen Grenzen in tausende individuelle, sich immer wieder verändernde Lebensbilder eines lebendigen Kaleidoskops.

Dies sind Geschichten, die einzigartig sind, weil sie in ihrem Ursprung nicht einzigartig sind. Sie trugen sich vielerorts zu. In diesem Haus und im übernächsten auch. Man kennt sie in der Nachbarstraße und ebenso in all den umliegenden Städten und Dörfern. Die Fallstricke des jähen Wandels lagen landauf, landab aus. Sie sind längst nicht an jedem Ort entdeckt und weggeräumt und durchliefen anderenorts eine Metamorphose zu wahren Sprungbrettern. Unsere Biographien bestimmen sich durch Herkunft, Tradition und gesellschaftliche Realitäten. Unsere Skripte von Träumen, Wünschen und Gedankenreisen schrieben sich oft in pragmatisch erreichbare Ziele um, die nicht weniger herausforderungsvoll und häufig sogar erfüllend sind.

Manchmal führen sie ein Leben lang den Makel der Wehmut mit sich und manchmal beinhalten sie aber auch ewig während Dankbarkeit ob unerwartet aufgetretener Chancen und großen Glücks.

Wir sind die Kinder der 1960er und 1970er Jahre, die ihre Kindheit in der DDR verlebten und in der BRD erwachsen wurden.

MARKTWERT

Am Freitagabend ging ich in eine Lesung. Noch während ich den Worten der Schriftstellerin lauschte, beschloss ich, dass ich den Beginn dieser bereits im Entstehen begriffenen ersten Erzählung noch einmal völlig umschreiben würde. Text markieren. Ein beherztes Antippen der Entfernentaste.

Nur der Prolog durfte überdauern, da er von ebendiesem handelte – dem Überdauern.

Die Frau hinterm Pult las aus ihren Kindertagen und davon, wie sie elfjährig mit einer Barbie im Arm, ein wenig Gepäck, auf dass der Vater aufzupassen hatte, und der gesamten Familie das große russische Land hinter sich ließ, um als Spätaussiedlerin im gänzlich unbekannten Deutschland ein völlig neues Leben zu beginnen. Sie berichtete vom ersten Zughalt in Berlin, dem Duft Deutschlands und dem Erlebnis, als erste selbstbestimmte Handlung im neuen Land, gelbe Bananen zu kaufen.

Gelbe Bananen.

Wie merkwürdig!

Ich hörte fasziniert zu, wie eine mir unbekannte Frau beschrieb, dass gelbe Bananen ihren mit allen Sinnen erlebbaren Wendepunkt zwischen Vergangenheit und Neuanfang bedeuteten.

Gelbe Bananen sind auch meine Metapher des Wandels zwischen dem Ehemals und einer damals nebulösen, noch längst nicht greifbaren Zukunft.

Ach, und ich war zwölf Jahre alt, als gelbe Bananen mir ein neues Zeitalter einläuteten. Danach sind die Parallelen der persönlichen Geschichten nur noch marginal und ich kann beginnen, all die Geschehnisse rund um meine gelben Bananen niederzuschreiben.

Der Tag der Grenzöffnung ist mir nicht als der wichtigste Tag des Umbruches in Erinnerung geblieben. Nur undeutlich kann ich mich an manch ein Fragment dieses Kalendereintrags in wenigen Minuten erinnern.

Meine Mutter, die mich wie immer morgens weckte, da ich zur Schule gehen musste, umarmte mich heftig weinend und meinte, ich solle mich freuen, denn die Grenzen seien offen.

Ich verstand die Tränen nicht ganz.

Später im Klassenraum wusste ich schon mehr, hatte beim schnellen Frühstück in der heimischen Küche Radio gehört und wunderte mich daher nicht, dass mehrere Mitschüler an diesem Donnerstagmorgen fehlten. Manche kehrten am nächsten Tag zurück, andere am Montag nach dem Wochenende und einige wenige sah ich nie wieder. Meine Eltern warteten ab.

Erst am Samstag der darauffolgenden Woche holten wir am frühen Morgen, es muss gegen fünf Uhr dreißig gewesen sein, meine Großeltern ab und fuhren gemeinsam in den Westen. Eigentlich war der Westen gar nicht im Westen, eher im Süden, denn unsere nächste Grenze führte ins Fränkische. Ich weiß noch, dass wir nicht die Autobahn wählten, sondern auf der Landstraße fuhren. Manchmal lag die Autobahn im Dunkel genau parallel zu

uns und ich sehe noch immer die lange rote Perlen-
schnur von Autorücklichtern vor mir, die im endlosen
Stau geduldig auf das Abenteuer West wartete.

Unser Weg führte uns in ein kleines Städtchen namens
Helmbrechts. Auf der Rückbank etwas eingezwängt zwischen Oma und Opa sitzend, wusste ich nicht wirklich,
was zu erwarten war. Die feierliche Vorfreude und zit-
ternde Unsicherheit meiner Eltern und Großeltern spürte ich deutlich und bestaunte sie. Gewohnte Souveränität
der Großen wich scheuer Befangenheit. Dies war eine
befremdliche Beobachtung.

Mein Großvater hatte einen genauen Plan, was er von
diesem Ausflug mit nach Hause nehmen wollte: Gelbe
Bananen. Richtig reife, wohlschmeckend süße gelbe
Bananen.

Es ist nicht so, dass es niemals Bananen in den Kon-
sumläden oder HO-Kaufhallen[1] des Ostens gab. Ab und
zu, nicht wirklich oft, konnte man die begehrten Früchte
auf Zuteilung kaufen. Verwunderlicherweise wurde die
exotische Rarität, wenn überhaupt, lediglich in den
Wintermonaten angeboten. Pro Familie verkaufte der
Konsum nur ein Bund aus vielleicht vier oder fünf Stück.
Importiert wurden sie meist aus dem Bruderland Kuba.
Diese Kubabananen unterschieden sich stark von den
Früchten, die heute immer und überall erhältlich sind.
Sehr klein, recht hart und immer grasgrün, schmeckten
sie stets mehr nach sättigender Stärke und irgendwie
auch leicht nach grünem Gras, denn süß und lieblich.
Auch färbten sich die dunkelgrünen Schalen nie wirklich

sonnengelb, sondern veränderten sich recht rasch ins Bräunliche, während das Innere von stark unreif sofort ohne Zwischenschritte ins Matschige überging. Dennoch kam es einem Schatz gleich, ergatterte die Mutter welche und sie wurden stets redlich geteilt und bewusst als Besonderheit im Rotkohlrohkost- und Weißkrauteinerlei der ostdeutschen Winterküche genossen.

Wir parkten unseren zitronengelben Wartburg in einer Seitenstraße und gingen über den Marktplatz mit auffallend hellgestrichenen, flecklosen Häuserfronten. Der Tag brach langsam an. Novembergrau und ohne Sonne. Weit vor Ladenöffnungszeit standen meine Eltern vor den Schaufenstern der kleinen Geschäfte und konnten nicht fassen, was es alles zu sehen gab.

Am entgegengesetzten Ende des Marktplatzes hielt ein Lieferwagen vor einem türkischen Gemüsegeschäft. Wir gingen dem Geschehen entgegen und beobachteten, wie Obst und Gemüse in schlaraffenlandgleicher Auswahl und Menge in Kisten und Kartons ins Ladeninnere getragen wurden.

Paprikaschoten, die groß und saftig glänzend in Rot, Gelb und Orange brillierten. Grüne Gurken, kartonweise! Im November! Sogar dicke runde Tomaten! Die Erwachsenen meiner Familie zeigten sich sprachlos staunend. Nach dem Gemüse packte man Unmengen von Orangen und Mandarinen aus dem Laderaum. Der pure Luxus fürs Auge! Und dann entnahmen der Lastwagenfahrer und Gemüsehändler der Ladefläche halboffene Kartons mit großen, gelben Bananen.

Mein Großvater bot seine Hilfe an. Drängte sich auf, blieb hartnäckig und durfte schließlich tatsächlich eine Stiege in den Laden tragen. Er wollte nicht riskieren, dass ihm andere zuvorkämen, die die Bananen kaufen könnten – so, wie daheim, wo man häufig nichts abbekam, kannte man die Verkäuferin im Konsum nicht persönlich und hatte nicht das Glück, dass einige Bananen zur Seite gelegt wurden ... Bück-dich-Ware, die die Verkäuferin unterm Ladentisch verbarg.

Bis zur Ladenöffnung musste noch mehr als eine Stunde vergehen. Mein Opa redete auf die beiden Herren ein, ihm schon jetzt einen Bund Bananen zu verkaufen. Die beiden verstanden die Welt nicht mehr, versuchten ihn zu überzeugen, dass es den ganzen Tag lang genügend Bananen im Angebot gäbe und kein vorzeitiger Ausverkauf zu erwarten sei. Doch mein Großvater ließ sich nicht auf neun Uhr vertrösten. Er wollte seine Bananen jetzt und hier, damit er sie sicher hatte. Irgendwann gab der Gemüseladeninhaber kopfschüttelnd nach. Ich schätze, er wollte den in seinen Augen kauzigen alten Mann einfach endlich loswerden.

Meine Großmutter verfügte über einige wenige Scheine Bargeld in Deutscher Mark. Sie durfte in der Vergangenheit bereits zwei oder drei Mal Verwandte in der BRD besuchen. Mein Opa tätigte also den glücklichsten Kauf seines Lebens, noch bevor wir uns in irgendeinem Amt der kleinen Stadt Helmbrechts für das Begrüßungsgeld anstellten. Er bezahlte seine gelben Bananen mit Deutscher Mark und trug diese höchstpersönlich über

Stunden mit sich herum. Das Angebot, sie ins Auto zu bringen, um danach ohne schweren Einkaufsbeutel weiterzuspazieren, schlug er entschieden aus.

Nach dem Samstag der gelben Bananen passierte vieles und nichts.

Mein Lieblingslehrer, der beste Lehrer, den ich jemals hatte, durfte plötzlich nicht mehr unterrichten. Er schippte eines Morgens Kohlen vom Schulhof durchs Kellerfenster in den Heizraum der Schule. Irgendwann, Monate später und bis dahin nie wieder im karierten Flanellhemd vor einer Klasse stehend, sondern in dunkelblauem Arbeitsanzug Hausmeistertätigkeiten verrichtend, verschwand auch er grußlos auf Nimmerwiedersehen aus meinem Leben. Das war der erste Moment in meinem Dasein, in dem ich stellvertretend für einen anderen unter dem hässlich nagenden Gefühl der Würdelosigkeit litt. Er unterrichtete einst Geschichte. Leidenschaftlich und so enthusiastisch plakativ, dass ich mich bis heute an seine Erzählungen über die Etrusker oder die Regentschaft Karls des Großen erinnere. Er lehrte einst auch Staatsbürgerkunde, ein Schulfach, das ich nicht kannte, weil ich noch zu jung war. Es war genau dieses Fach, das ihm das Lehrergenick brach und zur Arbeit in der Asche degradierte.

Im Winter darauf gab es in der Heimatstadt überall gelbe Bananen. Über Nacht fluteten sie wasserfallartig die Auslagen, gehörten von diesem Zeitpunkt an zum alltäglichen Bild und brachten unerwartet grelle Farbspiele ins bröckelnde Fassadengrau der braunkohlebeheizten

Miethäuser. Die Exotik der gelben Früchte schlich sich rasch aus und wandelte sich in selbstverständliche Gewohnheit.

Die stolzen Betriebe jedoch, in denen die Väter und Mütter arbeiteten, schlossen jäh und unerwartet. Sie wurden verkauft, um abgerissen zu werden. Der Preis einer jeden Fabrik betrug genau eine Deutsche Mark. Still und heimlich wechselten mit dieser einen Deutschen Mark auch das Selbstbewusstsein und der Mut der Nichtmehrgebrauchten den Besitzer unter Wert. Nicht wettbewerbsfähig, mit veralteten Qualifikationen und ohne Notwendigkeit auf einem bereits bestehenden Überflussmarkt, altbekannte Produkte zu erzeugen, die neu entstehenden Supermärkte und Baumärkte zu füllen, waren sie gezwungen, ihre Berufe an den Nagel zu hängen und die bunte neue Welt häufig nur zu betrachten, ohne sich jemals einzuleben.

Dieses Gespenst der vielfach nie mehr umkehrbaren Arbeitslosigkeit hielt auch Einzug in meine Familie und der Spuk, den es einst anzettelte, hallt nach bis ins Heute.

Einst zugewiesene Rollenbilder wurden gezwungenermaßen getauscht. Ein Prozess, der sich nicht immer stillschweigend vollzog und vielfach Schmerz und Verzweiflung in sich trug. Das Gefühl des Nichtbeitragens, trotz herausragender Qualifikation, wirkte sich selbst auf meine irgendwann notwendige Wahl eines beruflichen Weges bestimmend aus.

So blieb die überall versprochene neue Freiheit der eigenen Entscheidungen durch persönliches Erleben der Nächsten begrenzt und ließ keine großen Abenteuer zu.

TATKRAFT, MUT UND EINZELHAFT

Spätestens an diesem Abend, an dem die Einstürzenden Neubauten in den geradezu heiligen Hallen des Gewandhauses vor Anzugträgern aufspielten, hätte man annehmen können, einst zerstörerisch wirkende Subkulturen wären in der künstlerischen Mitte der Gesellschaft angekommen und die beflügelnden Gedanken wahrer Freiheit, Toleranz und Akzeptanz seien somit einige Jahrzehnte nach dem Mauerfall tatsächlich in die Realität übersetzt worden.

Auf dem Weg hinweg vom krawalligen Protest aus Überzeugung zum vermeintlich harmonischen Miteinander segelte Waldi aus starr gelenkten Fahrwassern direkt in die Kreuzsee eines noch undefinierten Ozeans, ohne dass er jemals selbst auch nur eine Handbreit Wasser unterm eigenen Kiel hatte. Und doch schien die militärische Karriere vom Pumpengast der Volksmarine zum ehrenhaft entlassenen Obermatrosen die richtigen Weichen gestellt zu haben, im neu entstehenden Doppeldeutschland den zunächst richtigen Weg im allgemeinen Wirrwarr zu finden.

Waldi, der kategorisch sozialismusablehnende Punk, versuchte sich schon in jungen Jahren, über eine künstlerische Außenwirkung zu finden. Als Mitglied der Punkband »Einzelhaft« sollte der musikalische Pfad jedoch bereits enden, bevor er richtig begann. Dies lag in aller erster Linie an dem Publikum, das sich eines Abends, zwei Jahre vor dem Mauerfall in der bei Senftenberg gelegenen Großräschener Gaststätte »Tatkraft« einfand, und auf den Höhepunkt des Abends, das »Schabulke Projekt«, wartete. Dabei handelte es sich um eine ostdeutsche One-Hit-Punkkapelle mit dem damals in nicht allen Bevölkerungskreisen bekannten Song »Das Beste ist die Zigarette danach.« Einzelhaft, gebucht als Anheizer, spielten aus Mangel an Material und Können und Überfluss an alkoholischen Getränken im Backstagebereich das einzig vorhandene eigene Lied in Dauerschleife und dies, wie Waldi selbstkritisch feststellen musste, auch noch ziemlich schlecht. Nach der dritten Wiederholung flogen Gläser und Früchte auf die Bühne und Einzelhaft von selbiger.

Als frisch gebackener Facharbeiter für Anlagentechnik mit Abitur verließ Waldi bald darauf Großräschen, um sich dem nicht umgehbaren Dienst an der sozialistischen Waffe zu stellen. In der Annahme, nach Abschluss der Flottenschule in Stralsund schon baldmöglichst interessantere Abenteuer auf hoher (Ost)See zu erleben, denn als Sandlatscher in den Reihen der Volksarmee zu dienen, entschied er sich für die Pflicht in der Volksmarine.

In den letzten Oktobertagen zeigte sich auch in der Hansestadt deutlich, dass die Tage der Deutschen Demokratischen Republik und damit der Volksmarine gezählt waren. Waldi organisierte kurzerhand mit drei weiteren Kameraden einen Streik zu Beginn der Nachtschicht, der mit großem Glück in der erfolgreichen Tatsache endete, dass alle Streikenden nicht vor einem militärischen Strafgericht landeten, sondern neu vereidigt und damit lückenlos Matrosen der Bundesmarine wurden. Leider bedeutete dieser Streik aber auch das Aus für Waldis erhoffte Seemannslaufbahn, denn der Vereidigung folgte postwendend die Strafversetzung nach Peenemünde auf Usedom und dort der Einsatz im rückwärtigen Dienst.

Dem vor Ort dienstleistenden Kapitänleutnant war die Gesinnung der jungen Männer recht egal, wichtiger erschien ihm die Verlässlichkeit der Aufgabenerfüllung. Waldi fand sich alsbald in der Küche der 1. Flottille der Volksmarine wieder und arbeitete nach kurzer Zeit freiwillige Doppelschichten, denn so folgte auf eine Woche Arbeit immer eine dienstfreie Woche. Dies war auf der schon sommerlichen Insel Usedom bei gleichzeitiger freier Kost und Logis in der Kaserne eine äußerst angenehme Art der Freizeitgestaltung für einen jungen Mann. Die Tristesse der Einheimischen, die einst als zivile Arbeiter bei der Volksmarine beschäftigt waren und von der Bundesmarine allesamt als Sozialisten entlassen wurden, ist Waldi trotz all der vergnüglichen Begegnungen unvergessen. Die Trinkgelage, die er mit den Usedomern vollzog, spiegelten neben seiner jugendlichen Lebenslust kontrastreich den trostlosen Rausch der unerwarteten, flächendeckenden Arbeitslosigkeit. Verstörend zog eine neue, wieder fremdgesteuerte Sittlichkeit ins tägliche Leben der Bevölkerung, die sich in der umgehenden Schließung der Usedomer FKK-Strände versinnbildlichte.

Trotz Strafversetzung entließ der neue Dienstherr Waldi im August 1990 ehrenhaft und zusammen mit seinem besten Kumpel zog es ihn nach Leipzig. Waldi wurde eingesogen vom Puls der Zeit und bewegte sich im Nachwende-Leipzig in einem dynamischen Potpourri aus Literatur, Punk, Häuserbesetzung und mannigfaltigen subkulturellen Gartöpfen. Gemäß seinem Credo, alles durchziehen zu können, wenn er nur konsequent zu dem stand, was er machen wollte, nahm sich Waldi das ausschließliche Recht der Jugend, radikal zu sein.

Die Jahre zogen ins Land und längst konnte man nicht mehr von Nachwendezeit sprechen. Waldi wurde freier Journalist und fühlte nach vielerlei Chaos und viel zu viel Alkohol, dass sich sein Bedürfnis nach Umsturz zu wandeln begann. Widerstand und Protest formten sich allmählich zugunsten eines Wunsches nach nie gekannter Sicherheit und Langsamkeit um. Ohne staatliche Gängelei. Ohne Totalitarismus. Mit wahrer Meinungsfreiheit und der Möglichkeit, ein mündiger Bürger sein zu dürfen.

Heute sitze ich mit Waldi im Leipzig der frühen Zwanziger bei einem Glas Wein und sinniere über die Entwicklung der uns umgebenden kleinen Welt.

Während unseres Gespräches legt er in einem Nebensatz den imaginären Hahnenkamm und die nietenbesetzte Kutte ab und berichtet, dass er den freien Journalismus zugunsten seiner ersten Festanstellung aufgeben wird ..., weil er verspüre, dass die Gängelei und der Totalitarismus klammheimlich zurückgekehrt seien und man nur dann radikal sein kann, wenn man noch keine Verantwortung für andere trägt.

Glücklicherweise gab es die Bewertung des Verhaltens nach sozialistischem Maßstab in dokumentierter Form erst mit Schuleintritt. Wäre bereits die Leistung der Kindergartenknirpse mit Zeugnissen belegt gewesen, hätte sich der Passus »Betragen« im Reigen der vier sogenannten Kopfnoten aus ebendiesem und darüber hinaus Ordnung, Fleiß und Mitarbeit unrühmlich präsent in Marek Thiems halbjährlicher Einschätzung gezeigt.

Nach drei Grundschuljahren, die im kommunistischen Schulwesen bezeichnenderweise als Unterstufe betitelt wurden, mit wechselweise schmachvollen Vieren und Fünfen, letztere stellten dabei das Ende der DDR-Notenskala dar, im genannten Bereich keimte der pädagogische Gedanke, man könne dem aufmüpfigen Drittklässler im folgenden Schuljahr durch Übertragung erster staatstreuer Aufgaben zu ordentlichem und gesellschaftlich erwünschtem Benehmen erziehen.

Nahezu alle Kinder wurden im Laufe des ersten Schuljahres Junge Pioniere und trugen fortan das blaue Halstuch und mit diesem erste sozialistische Verantwortung. Die Jungen Pioniere einer Klasse organisierten ihren Verband wiederum im Gruppenrat, der die Leitung der Pionierverantwortlichkeit der Klasse übernahm. In der vierten Klasse wandelten sich die Jungen Pioniere in Thälmannpioniere mit einem roten Halstuch. Später, im Laufe der siebten Klasse legten alle ihre Halstücher ab und traten der Freien Deutschen Jugend bei, äußerlich gekennzeichnet durch das Tragen des blauen FDJ-Hemdes. Die jeweiligen Vorsitzenden der Klassenverbände bildeten den Freundschaftsrat einer Schule und sorgten für ein erstes parteitreues Gremium zur Vorbereitung auf ein Leben als guter Staatsbürger.

Marek also, dessen Benehmen nun gar nicht den gewünschten Parametern an Systemtreue und der damit einhergehenden Selbstregulation entsprach, übertrug die Lehrerschaft in einer sicherlich besonders freien und geheimen Wahl beabsichtigt den Vorsitz des Gruppenrates und damit die Verantwortung über die schulische Außenwirkung seiner gesamten vierten Klasse. Der erzieherische Wunsch nach positiver Entwicklung des Benehmens zeigte Wirkung und Marek Thiem entwickelte sich innerhalb kurzer Zeit zum angepassten Vorzeigepionier, der sich bald in verschiedene AGs vom Filmklub über die Jungen Biologen bis hin zu Basketball und Fußball einbrachte.

Zudem entdeckte er während dieser subtilen charakterlichen Umgestaltung auch das Lesen für sich und fischte aus den Beständen der Bücherei die Inspiration seines zukünftigen Berufswunsches. Nach der Lektüre von »Unternehmen Feuerball«, einem zeitgenössischen Jugendroman über NVA-Soldaten beim Manöver aus der Feder Siegfried Dietrichs, kristallisierte sich der Wunsch heraus, später entweder als Volkspolizist oder Soldat der Nationalen Volksarmee dem Lande zu dienen. So wäre Marek am liebsten in die stolzen Fußstapfen des eigenen Vaters getreten, der als freiwilliger Helfer der Volkspolizei dem Abschnittsbevollmächtigten direkt unterstellt war und so über gewisse Privilegien, wie den Austausch mit amtsgleichen Genossen aus der Tschechoslowakei, verfügte, die der gesamten Familie beispielsweise besondere Urlaube im sozialistischen Bruderland gewährten.

Der Traum vom heroisch-militärischen Dienst stand indes unter keinem guten Stern, denn auch der Familie Thiem blieb der sich immer deutlicher abzeichnende Wandel nicht verborgen. Die Schnittmenge des Vergleichs der Nachrichtenlage unter dem noch stark rötlich gefärbten Brennglas der Aktuellen Kamera mit der völlig umgekehrten Perspektive aus Tagesschau und Heute-Nachrichten zeigte im Wohnzimmer des Thiem'schen Haushalts, dass es in naher Zukunft vermutlich keine weiteren Familienaustauschurlaube bei tschechischen Parteifreunden mehr geben würde. Gebannt verfolgte die Familie die Fluchtbewegung, die bereits im vollen Gange war und in dem allseits bekannten Gänsehautmoment gipfelte, als Hans Dietrich Genscher im Fenster der Prager Botschaft stehend, verkündete, dass die Ausreise der zahllosen dort befindlichen Schutzsuchenden aus der DDR genehmigt worden sei.

Der Tag des Mauerfalls selbst ist für den damals elfjährigen Marek von weniger präsenter Erinnerung geprägt. Der erste Ausflug im Москвич^2 von der thüringischen Kleinstadt ins Bayerische dagegen umso mehr, denn Marek kaufte vom Begrüßungsgeld einen Legobaukasten. Die Bauanleitung für ein Raumschiff beflügelte die Fantasie hin zu neuen Universen und sollte ihn bis ins frühe Teenageralter mit Begeisterung erfüllen.

Im darauffolgenden Jahr erlebte Marek das zunehmend sichtbare Straucheln der eigenen Eltern im neuen, noch nicht absehbaren Zeitgefüge. War der Vater einst bei der ersten Fahrt ins Westliche mit jubilierendem Victoryhandzeichen aus dem Autofenster heraus zu erleben gewesen, beantwortete dieser am Tage der Wiedervereinigung die Frage des Sohnes, ob er anlässlich dieses Ereignisses auch zu feiern gedenke mit der harschen Antwort, was denn, außer des eigenen Unterganges, zu feiern sei?

Noch sinnierend ob dieser Aussage erfragte darüber hinaus Mareks bis dato bester Freund die jäh alle Verbundenheit auflösende Entscheidung, ob er ab jetzt rechts oder links sei. Ohne wirkliche Ahnung, welche Tragweite dieser Entschluss innehatte und auch aus Angst davor, als Ewiggestriger zu gelten, beantwortete Marek diese mit Rechts und begann sofort damit, dies im äußeren Erscheinungsbild und in der Musikwahl sehr offen sichtbar kundzutun.

Der einst beste Freund und auch das von Punks bevölkerte Stadtzentrum wurden zur Sperrzone und der Freundeskreis wandelte sich ad hoc umfassend. Marek krempelte sein Leben im wahrsten Sinne des Wortes von Links auf Rechts.

Da Marek allerdings das einst im Sozialismus erschaffene Bemühen, ein pflichtbewusster Schüler zu sein, noch nicht ad acta gelegt hatte, entschied er sich im folgenden Sommer dazu, zunächst die Hausaufgaben zu erledigen, bevor er sich mit großer Verspätung am vereinbarten Treffpunkt vor dem Asylantenheim einfand, wo man an diesem Tage alles einmal ordentlich aufmischen und niederreißen wollte.

Aufgrund des ausschweifenden Alkoholkonsums der schon über Stunden am Zaun herumlungernden, Parolen schmetternden Jugendlichen, und dem dank des vielen Bieres aus dem Fokus geratenen Plan, Hass zu säen und Zerstörung anzurichten, kam an diesem Sommertag im Asylantenheim in der thüringischen Provinz glücklicherweise niemand zu Schaden. Passiert ist dennoch einiges. Nachdem der sturzbetrunkene Pöbel bereits abgezogen war und Marek nur noch mit ein paar wenigen vor Ort blieb, kamen zwei Jugendliche aus der Einrichtung an den Zaun und suchten mutig das Gespräch.

Fatima, die so wunderschön war, dass Marek sich sofort unsterblich verliebte und gleichsam fragte, warum er solch ein fantastisches Wesen eigentlich hassen sollte. Und Шивко[3], ein vierzehnjähriger Russlanddeutscher, der einfach ohne viele Worte sein T-Shirt hochzog und die Narben von sieben Stichverletzungen mit der Frage »Bist du Nazi? Schau her, das ist Nazi,« präsentierte.

Marek Thiem entschied sich in genau diesem Moment und dieses Mal sehr bewusst für seine lebensbestimmende, bis ins Heute gültige politische Gesinnung, wurde Punk, Grufti und vor allem so links, wie nur irgend möglich.

Mein Gespräch mit Martha beginnt auf erstaunliche Weise und scheint paradoxerweise die Quadratur des Kreises zu parodieren. Wir unterhalten uns, machen etwas Smalltalk und scherzen, um in die richtige Frage-Antwort-Stimmung zu kommen. Lachend meine ich zu Martha, dass ich mich auf das Gespräch mit ihr freue, denn da sie eine Frau ist, würde dieses Mal nicht das drohende Damoklesschwert des baldigen Wehrdienstes in der Nationalen Volksarmee als dunkle Wolke über ihren Jugenderzählungen aus der Wendezeit schweben und stattdessen Raum für gänzlich gegensätzliche Perspektiven bieten.

Martha zog die Augenbrauen hoch und antwortete mit einer gewissen Prise Sarkasmus, dass genau dieses Damoklesschwert besonders präsent und geschärft direkt über ihr hing.

Doch bevor wir in die letzten zwei Jahre der Deutschen Demokratischen Republik eintauchen, in denen sich Marthas holpriger Start ins Erwachsenenleben vollzog, möchte ich auf einen kurzen Ausflug ins Jahr 2014 einladen. Es dauerte keine vier Wochen, bis der Abriss des Fresswürfels in Neustadt in Sachsen vollzogen war. Das elftausend Quadratmeter große Gelände birgt seither keinerlei sichtbare Erinnerungen mehr für die weit über fünftausend Menschen, die noch fünfzehn Jahre zuvor dort täglich zur Mittagsspeisung gegangen oder die Verpflegung der Belegschaft des Kombinats Fortschritt

Landmaschinen zubereitet hatten. Mehr als fünftausend Biographien, die sich einst in der Landmaschinenproduktion überschnitten, in Teilen gemeinsam verliefen und nun sprichwörtlich in alle Winde verweht ganz individuell fortsetzten. In einer Zeit, in der für Martha direkt nach Beendigung der Schule noch nichts wirklich klar war, entschied ihr Vater an ihrer Stelle, dass ihre berufliche Zukunft in Bälde im rückwärtigen Dienst der Nationalen Volksarmee liegen würde. Er verhalf ihr vorbereitend dafür zu einem Ausbildungsplatz in der Großküche des Kombinats Fortschritt. Ohne wirkliche Ambitionen, tatsächlich irgendwann Soldaten bekochen zu wollen, fügte sich Martha dennoch und lernte Köchin in der Gemeinschaftsverpflegung des großen Betriebes.

Die Lehrzeit endete in vielfacher Zäsur verglichen mit Marthas vorherigem Leben.

Der Staat, in dem die Ausbildung begann, löste sich auf und eine umfassende Umgestaltung des beruflichen und privaten Umfelds schien im Überholtempo vonstattenzugehen.

Martha wurde schwanger.

Der Kindsvater sah sich kurzfristig nach einer neuen Liebe um und ließ Martha allein.

Inmitten all des Chaos sah sie sich gezwungen, ihrer Familie von der Schwangerschaft zu berichten, was gleich mehrfach in einer persönlichen Katastrophe endete. Die Familie, die durch das Wendegeschehen ohnehin drohte, auseinanderzubrechen, wurde durch Marthas Enthüllung vor eine neuerliche Belastungsprobe gestellt, der sie nicht standhielt. Marthas Bruder und Schwester in weiter Ferne und damit außerstande, zu unterstützen, ließen sich nicht als geschwisterliches Bollwerk aufstellen. Der ideologietreue Vater, gerade noch ranghoch in der SED-Kreisleitung beschäftigt, sah sich plötzlich Anfeindungen ehemaliger Freunde ausgesetzt, und reagierte auf die Neuigkeiten, Großvater zu werden, mit großer Ablehnung. Er sprach sechs lange Monate kein Wort mehr mit seiner Tochter. Marthas Mutter forderte Martha auf, das Kind abzutreiben und die Großmutter erteilte ihr gar Hausverbot.

Zwischen bitteren Tränen löste sich zumindest ein Problem in Wohlgefallen auf. Die Gefahr des Dienstes bei der Nationalen Volksarmee verschwand über Nacht, weil es keine Nationale Volksarmee mehr gab.

Martha bekam eine Tochter.

Kurz nach der Entbindung und noch vor der Wiedervereinigung standen die Lehrabschlussprüfungen an.

Dem DDR-Recht entsprechend, folgten die Prüfungen den Anforderungen einer DDR-Ausbildung. Neben beruflicher Praxis und Theorie musste Martha auch eine Prüfung im Fach Sport ablegen. Drei Wochen nach der Geburt ihres Kindes lief sie die geforderten 3000 Meter und bestand ihre Ausbildung zur Köchin.

In ihrer Not, wieder Kontakt zum Vater haben zu wollen, versuchte Martha auf den letzten Metern der DDR in die SED einzutreten, was jedoch nicht mehr klappte. Stattdessen wurde sie eines der ersten Mitglieder der PDS in ihrer Heimat.

Sechs lange Jahre gelang es ihr nicht, beruflich Fuß zu fassen, und so musste sie trotz der prekären familiären Situation mit ihrer kleinen Tochter weiter im Haus ihrer Eltern wohnen bleiben.

Sowohl aus privater Motivation heraus, als auch im Rahmen von Arbeitsbeschaffungsmaßnahmen des Arbeitsamtes, betätigte sich Martha immer wieder mit regionaler Geschichtsforschung und hier vor allem mit der Aufarbeitung eines zur Nazizeit stattgefundenen Todesmarsches von Schwarzheide ins Konzentrationslager Theresienstadt. Auch betreute sie während dieser Jahre regelmäßig Ferienkinder im tschechischen Ferienlager.

Irgendwann vermittelte das Arbeitsamt Martha eine Umschulung zur Bürokauffrau, obwohl sie sich lieber in die Werbebranche einarbeiten wollte. Die Geschichtsforschung des Heimatortes betrieb sie ehrenamtlich weiter. Acht Jahre nach der Wiedervereinigung stellte man ihr einen jungen Hobbyfotografen an die Seite, mit dem sie die Strecke des Todesmarsches fotografisch dokumentieren sollte.

Fast am Ende dieser Reise, in einem Gasthof auf tschechischem Gebiet, prophezeite ihr der Wirt wohlwollend, dass der junge Mann an ihrer Seite genau ihr Mann sei.

Heute blickt Martha schmunzelnd auf diese hellseherische Ankündigung zurück und sagt, nun wisse sie auch, wofür die Umschulung zur Bürokauffrau gut gewesen sei.

Der Wirt sollte Recht behalten. Martha heiratete den Fotografen und führt seit mehr als zwanzig Jahren nicht nur eine glückliche Ehe mit ihm, sondern auch das Büro der gemeinsamen Firma.

WORTFINDUNG

Die Frage »Was willst du werden?« überforderte Ulf. Sechzehnjährig wusste er einzig, dass er keineswegs in der westthüringischen Kleinstadt nahe der hessischen Grenze bleiben und stattdessen die große weite Welt erobern wollte.

Zwar hatte er als Neuntklässler schon im Jahr zuvor einen Berufsausbildungsvertrag mit Abitur als Motorenschlosser in der Landwirtschaft unterzeichnet, doch dieser war über Nacht das Papier nicht mehr wert, auf dem er stand. Glücklicherweise, denn Ulf war weder technisch interessiert noch sonderlich handwerklich begabt. So trauerte er der durch historischen Einfluss entgangenen Karriere in der Wartung von Traktoren und Mähdreschern nicht nach.

Ulf schloss die Polytechnische Oberschule mit glattem Einserschnitt ab und erhielt als letzter Absolventenjahrgang die Lessingmedaille für sehr gute schulische Leistungen. Zur sozialistischen Auszeichnung überreichte man ihm auch ein Anerkennungsgeld in Höhe von einhundert Deutschen Mark. Echtes Westgeld! Denn der Schulabschluss lag nur wenige Tage nach der Währungsunion, in der die DDR-Mark verschwand und das Vermögen der ostdeutschen Bevölkerung in D-Mark zusammenschrumpfte. Dieses »Was willst du werden?« ließ sich mit einhundert D-Mark in der jugendlichen Tasche und einem herausragenden Abschlusszeugnis dennoch nicht einfacher beantworten.

Um Zeit zu gewinnen, bewarb sich Ulf an der Erweiterten Oberschule, wurde zugelassen und legte sein Abitur zwei Jahre später im selben Gebäude, aber im Rahmen der nunmehr westdeutschen Schulform des Gymnasiums ab.

An einem Tag der offenen Tür an der Universität zu Göttingen schnupperte der frischgebackene Abiturient, der zeitlebens ob seiner früh zu Tage getretenen Affinität zu Rhetorik und Sprache den von der Familie verliehenen Spitznamen *Professor* trug, ins Berufsfeld des Journalismus und musste zu seiner großer Enttäuschung erfahren, dass der Fachbereich Germanistik deutliche Antiwerbung betrieb und eigentlich nur vor den Gefahren eines von hoher Arbeitslosigkeit und finanzieller Unsicherheit geprägten Metiers berichtete. Der Traum vom Wort wurde eingeschüchtert und schlich still von dannen. Beeindruckt und entsprechend abgeschreckt schaute sich Ulf im nächsten Hörsaal um und landete direkt beim Recruitment des öffentlichen Dienstes im Finanzamt.

Dieses warb mit eintausend D-Mark monatlichem Einkommen während des Studiums. Ein Argument, das Ulf sofort überzeugte, obwohl er keine Ahnung hatte, was inhaltlich auf ihn zukommen würde. Die Sicherheit einer derart lukrativen Einkommensquelle trug entsprechendes Gewicht, wenn man wusste, dass man damit die knappe Haushaltskasse der Eltern, die beide direkt nach dem Mauerfall in die Arbeitslosigkeit geraten waren, nicht belasten würde. Er bewarb sich und bekam tatsächlich eine der wenigen begehrten Stellen, auf die sich jeweils achtzig weitere junge Menschen erfolglos bewarben.

Immerhin ließ sich mit dieser beruflichen Perspektive die ungeliebte Kleinstadt verlassen und Ulf zog in die vielverheißende große, weite Welt, die zunächst die Fachhochschule für öffentliche Verwaltung in Gotha sein sollte.

Rückblickend stellt Ulf fest, dass die Entscheidung, sich für den Dienst im Finanzamt zu bewerben, zwar nur ein planloser Versuch war, irgendwo beruflich Fuß zu fassen, ihn aber stringent analytisches Arbeiten gelehrt hat, was ihm heute als Pendant zur Kreativität außerordentlich zugutekommt. Das Studium selbst reflektierend, besinnt er sich jedoch eher darauf, in einem Studiengang mit einer Männerquote von nur fünfzehn Prozent eine durchaus angenehme Zeit genossen zu haben, die auch durch eine straffe behördliche Organisation und etliche, anstrengende Prüfungszyklen nicht getrübt werden konnte.

Noch immer nicht wirklich wissend, wo die Reise eigentlich hingehen sollte, doch längst mit dem Bewusstsein ausgestattet, dass die Welt des Finanzamtes nicht der Gipfel seiner beruflichen Träume sein würde, hingegen weiterhin recht ideenlos und noch mutlos in einer Zeit horrender Arbeitslosenstatistiken, stolperte Ulf nach dem Studienabschluss direkt in den Olymp der Finanzbehörde: die Steuerfahndung. Dort angekommen, erwies es sich zuweilen als etwas hinderlich, ein erst einundzwanzigjähriges Gesicht mit sich herumzutragen. Die Damen und Herren, die unerwarteten und unerfreulichen Besuch von ihm bekamen, nahmen Ulf nicht immer ernst. Trotz Dienstmarke, Ausweis und Durchsuchungsbescheid kam er eher unter Verdacht, Streiche für das Sinnlostelefon, einer Radiocomedy der neunziger Jahre, durchzuführen, denn tatsächlich befugt zu sein, Recht und Ordnung auf staatliche Anweisung überprüfen zu dürfen.

Irgendwann zeigte sich der angehäufte Berg an starren Amtsstrukturen unter einer dicken Schicht Amtsschimmel jedoch als so unüberwindlich, dass Ulf beschloss, die Zügel endlich selbst in die Hand zu nehmen und nicht mehr von Zufall zu Zufall durchs Leben zu stolpern. Nach einer von Widrigkeiten strotzenden Sitzung mit bedenklich desaströser Gewissenslage verließ er das Auditorium mit den spontanen, aber vollumfassend überzeugten Worten: »Ich gehe jetzt«, kündigte daraufhin umgehend und begab sich zum Ordnen des gedanklichen Chaos auf eine vierwöchige Reise ans andere Ende der Welt.

Zurück in der Heimat machte Ulf Nägel mit Köpfen.

Er trennte sich für immer vom öffentlichen Dienst.

Nach kurzer Zeit trennte er sich auch vom Status eines Angestellten. Kurzum, Ulf trennte sich von jeglicher vermeidbaren Abhängigkeit und justierte die Brennweite des eigenen Horizonts erstmal bewusst eigenhändig.

Ulf machte sich selbstständig und wurde Unternehmensberater und Coach.

Er begann zu schreiben.

Buch um Buch um Buch.

Heute ist er Schriftsteller und Verleger.

Das Wort hat ihn schlussendlich doch gefunden oder er fand das Wort.

Henne oder Ei – wer weiß das schon ...

HERZENSSACHE

Da man nie zu jung sein kann, um Hochzeitspläne zu schmieden, entschloss sich Susi in frühester Kindheit, Aljoscha, den Geige spielenden, achtjährigen Nachbarsjungen zu heiraten. Als sie dann im zarten Alter von sechs Jahren vor der Entscheidung stand, welches Instrument sie erlernen wolle, zögerte sie nicht.

Geige natürlich! Keine Frage!

Das war eine reine Herzensentscheidung.

Damit schienen alle Weichen für das Gelingen des romantischen Kindertraums gestellt und in Susis Fantasie erklangen bereits gemeinsame Konzerte mit ihrem zukünftigen Ehemann.

Aljoschas Familie hingegen zog bald darauf um und Susi sah ihn nie wieder. Aus der Ehe wurde nichts. Die Liebe zur Geige indes blieb und sollte in noch weit entfernten Tagen sogar lebensbestimmend werden.

Mittwochnachmittags ging Susi fortan zur Musikschule. Entgegen heutiger Angebote vieler privater Anbieter, die Kinder beim Eintritt in die Welt der Instrumente oder des Gesangs gegen Honorar begleiten und folglich bedauerlicherweise nicht für jedes Elternhaus finanzierbar sind, stand die Musikschule allen Kindern und Jugendlichen der DDR unentgeltlich offen. Als staatlich organisierte Institution forderte dieses freie Bildungsangebot jedoch das Einhalten gewisser Regeln und gelangte so für die Musikschüler der Republik zu einem mal mehr oder minder großen Vergnügen zwischen

Pflicht und Kür. Musikschulen galten als Bestandteil des einheitlichen sozialistischen Bildungssystems. Nichts wurde dem Zufall überlassen. Alle Musikschullehrer erwarben die Qualifikation ihrer Lehrtätigkeit verpflichtend innerhalb ihres musikalischen Hochschulstudiums. Die meisten lehrten später dann in Nebentätigkeit parallel zur Festanstellung als Instrumentalist oder Sänger in einem der zahlreichen Orchester des Landes.

Der Musikschulunterricht vollzog sich nach landeseinheitlichen Lehrplänen, so dass, erinnern wir uns an Aljoscha, dieser nach seinem Umzug ins Wohinauchimmer sicherlich nahtlos an der ortseigenen Musikschule weiter Geigenunterricht genießen konnte.

Für die Musikschüler bedeutete die systemisch-uniforme Didaktik und Methodik einen tatsächlich strengen schulischen Rahmen. Der Musikschulbesuch und das Erledigen von Übungsaufgaben daheim waren verbindlich und es gab Noten auf die erreichte Leistung. Am Ende eines jeden Musikschuljahres fanden Zwischenprüfungen statt, die in einem Musikschulzeugnis dokumentiert wurden. Wer gleichermaßen Begabung und Ehrgeiz aufwies, irgendwann einmal Berufsmusiker werden zu wollen, kam auch um eine Abschlussprüfung nicht umhin.

Susi verbrachte ihre Mittwochnachmittage also in der Musikschule. Mittwochnachmittage waren im geordneten Alltag ostdeutscher Grundschüler allerdings bereits mit einem anderen landauf, landab bekannten Fixtermin belegt: Mittwochs fanden die Pioniernachmittage statt –

quasi gesellige Stunden im Klassenverband mit wechselnd freizeitlicher und politisch-bildender Gewichtung. Neudeutsch würde man dies als Socializing im gelenkten, systemtreuen Rahmen bezeichnen.

Während Susi Geige spielen lernte, Zwischenprüfungen und Vorspiele absolvierte, rückten ihre Mitschüler enger zusammen und schlossen Freundschaften, zu denen sie nur schwer und mitunter gar keinen Zutritt erhielt. Ein recht ambivalentes Erleben für ein kleines Mädchen.

Wäre das Geschehen rund um das Jahr 1989 schlichtweg ausgefallen, hätte allein schon die Musikschule ihrer Kindertage darüber entscheiden können, wohin Susis Weg als Erwachsene möglicherweise geführt hätte. Hätte Susi die Weichen in Richtung Berufsmusikerin stellen können, wäre dies für sie eine Zukunft absolut sicherer Natur geworden. Der Orchesterjob wäre garantiert gewesen, denn in der DDR war nicht nur das Instrument Geige zu knapp im Chor der professionellen Musiker, sodass man zuhauf Kollegen aus den sozialistischen Bruderstaaten sprichwörtlich einkaufte. Wirklich sicherer Natur wäre diese Laufbahn allerdings nur gewesen, hätte Susi zuvor zunächst einige sozialistische Kreuzwege erfolgreich beschritten. An einem dieser Scheidewege stand die Möglichkeit, überhaupt ein Musikstudium aufnehmen und abschließen zu dürfen. Dafür waren vor dem Mauerfall die Empfehlung der Musikschule und ein exzellentes Ablegen der Abschlussprüfung an dieser von Nöten. Susis erster Lehrer, ein strenger Pädagoge, beschied ihr jedoch jede Zwischenprüfung immer nur mit der Note Gut, niemals aber mit einem Sehr Gut, denn er befand ihren Übungsfleiß als zu gering und nur ihr gutes Gehör als weiterhin förderungswürdig. Eine weitere Hürde ins Leben als Violinistin in einem der sozialistischen Orchester hätte die Erlaubnis dargestellt, überhaupt das Abitur ablegen zu dürfen, ohne das ein Hochschulstudium nicht möglich gewesen wäre.

Susis Mutter hätte hier der frühzeitige Stolperstein sein können, denn als Tochter eines Pfarrers war die Chance eher fern, höhere Bildung in der Familie zu erlauben, weil man von staatlicher Seite annahm, dass der sozialistische Gedanke ohnehin nicht entsprechend vom Elternhaus aufs Kind weitergetragen wurde und so das intensive Schulen des Geistes zu gefahrvoll für die Bedürfnisse der Gesellschaft sein könnte.

Rückblickend zeigte sich die realistische Gelegenheit einer Karriere als Berufsmusikerin in der DDR für Susi damit eher in Form einer recht großen Unwahrscheinlichkeit.

Obwohl Susi in Ostberlin aufwuchs, nahm sie das Wendegeschehen erst mit dem Tag des Mauerfalls wahr. Am Morgen des neunten Novembers weckte sie ihr Vater mit der Neuigkeit der offenen Grenzen. Doch dies schien der völlig überraschten Dreizehnjährigen so unvorstellbar, dass sie den Worten des Vaters erst Glauben schenkte, nachdem ihr dies von ihrer Lehrerin wenig später in der Schule in gleicher Weise bestätigt wurde.

Noch während der ersten Stunden nach dem symbolischen Fall der Mauer machte sich die gesamte Familie inmitten einer schier unglaublichen Menschenmenge am Grenzübergang Warschauer Straße zu Fuß zu einem ersten Besuch Westberlins auf. Susi kaufte vom Begrüßungsgeld ein wahres Heiligtum. Ein Musikmagazin, das sich als Sonderausgabe ausschließlich mit dem Schaffen und Wirken George Michaels, Susis großem Idol, beschäftigte. Das tägliche Leben änderte sich in den Folgemonaten zunächst nicht. Nach einiger Zeit jedoch stand für Susi ein Schulwechsel an. Sie ging ab der neunten Klasse in eine Leistungsklasse und machte erstmals die wärmende Erfahrung, als junger Mensch unter Gleichaltrigen willkommen zu sein. Freundschaften bildeten sich und plötzlich war es kein Problem mehr, zwischenmenschliche Akzeptanz trotz künstlerischen Horizonts zu finden. Nach Beendigung der zehnten Klasse entschied sich Susi nicht nur für den Besuch der gymnasialen Oberstufe, sondern beschloss ebenso, danach das Fach Geige studieren zu wollen.

An der Musikschule hatte inzwischen neben dem Wechsel des pädagogischen Rahmens schon wieder ein Lehrerwechsel stattgefunden. Susis Lehrer, der sie seit dem vierten Lernjahr begleitete, war ein Künstler. Wellenlängen hatten sich aufeinander eingestellt und das Lehrverhältnis zeigte sich von Empathie geprägt. In Vorbereitung auf das Studium fand abermals ein Lehrertausch statt. Die Wellen schwappten wieder kürzer und Susi biss sich einmal mehr durch.

Mit jedem der Orchester, in denen Susi spielte, erhielt sie die Möglichkeit, auf Orchesterfahrt zu gehen. Zuerst mit dem Musikschulorchester, später dann mit dem Regionalorchester und schlussendlich während der Abiturzeit mit dem bereits sehr anspruchsvollen Landesjugendorchester.

Orchesterfahrt, das hieß mindestens fünf Stunden täglich zu proben.

Spiellust, statt Spiellast zu erfahren.

Musik als Befriedigung des eigenen Seins zu genießen.

Von Menschen umgeben zu sein, die Gleiches fühlten und mit Hingabe lebten.

Blut zu lecken.

Für immer!

Musik ist Herzenssache.

Der Weg zum Studium der Geige war hingegen trotz Wegfalls der sozialistischen Fußangeln kein leichter. Aber Susi biss sich durch. Eingeschrieben an der Humboldt-Uni in Berlin und Musikwissenschaften studierend, sozusagen als Parkvariante, um die Zeit nicht unnütz verstreichen zu lassen.

Üben.

Üben.

Üben.

Vorspielen.

Privatunterricht bei ihrem Idol im Reigen der Hochschullehrer.

Üben.

Üben.

Üben.

Vorspiel an der Bauhaus-Uni in Weimar.

Aber dort konnte Susi nicht bleiben, denn der Professor hielt bei Studentinnen nicht die nötige Distanz.

Üben.

Üben.

Üben.

Endlich!

Ein Vorspielen am Lehrstuhl ihres Wunschprofessors in Rostock.

Ein ehemaliger Schüler von Susis Wunschlehrer saß im Gremium und verließ das Auditorium zu ihrer großen Enttäuschung bereits nach kurzer Zeit.

Susi glaubte fest, es hätte wieder nicht geklappt.

Stattdessen telefonierte der Hochschullehrer mit seinem Professor in Berlin und erkundigte sich nach ihr.

Es folgte ein weiteres halbes Jahr Privatunterricht.

Üben.

Üben.

Üben.

Dann nahm Susi endlich ihr Studium der Geige an der Hochschule für Musik und Theater in Rostock auf. Sie studierte bei ebendiesem Lehrer, der ihr Vorspielen Monate zuvor für das alles entscheidende Telefonat verlassen hatte. Susi nennt ihn ihren Glücksgriff, denn er war der beste Lehrer, den sie sich wünschen konnte.

Susi studierte und war euphorisch, denn jedes Semester war ihr Bestätigung, dass sie genau richtig entschieden hatte.

Den von allen erwarteten Weg in die Klassik und damit einen Platz in einem Sinfonieorchester suchte sie nach ein wenig Einblick in das desillusionierende Wettrennen um Orchesterstellen nicht mehr, nachdem sie im siebten Semester in ihrer ersten Band zu spielen begann. Es war für Susi ein Befreiungsschlag, zu erleben, wie sie intuitiv spielen konnte, ohne im leistungssportähnlichen Sinfonieorchesterwettkampf versuchen zu müssen, wie ein Abziehbild Vivaldis oder Mozarts zu klingen.

Mit dem Credo ihres Lehrers im Ohr und im Herzen, der er geraten hatte, zu machen, was sie wolle, solange sie sich nicht verzettele, fand Susi musikalisch zu sich selbst. Spielte Coversongs. Spielte Heavy Metal. Spielte Irish Folk.

Spielte Rockmusik.

Susi war in der Rockmusik musikalisch zu Hause angekommen, nachdem sie sich in der Welt der Klassik oft so fehl am Platze empfunden hatte, dass sie sich fast wie ein Scharlatan fühlte.

Sie gründete erste eigene Band, brachte mit dieser ihr erstes eigenes Album heraus und weiß seither, wie sie selbst klingt, klingen kann und klingen darf, ohne jemanden nachahmen zu müssen.

Susi spielte fortan in vielen Bands und tourte mit diesen durch die halbe Welt.

Heute ist sie darüber hinaus Mitglied einer der größten deutschen Rockbands und spielt selbstbewusst virtuosen Rock auf der Violine vor Zehntausenden ..., weil sie genau wusste, was sie wollte und sich nicht verzettelt hat. Herzenssache eben.

Aljoscha sei Dank!

IM WILDEN OSTEN

Im Osten Deutschlands gab es einst bizarre Landschaften. Für all diejenigen, die in der NVA dienten, war es das Land der drei Meere, bestehend aus dem Waldmeer, dem Sandmeer und dem Nichtsmehr.

Einige Landstriche lagen im Tal der Ahnungslosen, denn dort gab es keinen Zugang zu Rundfunk und Fernsehen aus Westdeutschland.

Und rund um den Mauerfall formte sich mancher Ort gar in den Wilden Westen, als es darum ging das Zusammenleben neu zu ordnen.

Michael, der das Abitur nicht ablegen durfte, weil er es ablehnte, Zeitsoldat zu werden, versuchte sein Glück zunächst im Ergattern eines Ausbildungsplatzes zum Kunstschmied. Seine bereits vorhandenen Fertigkeiten wurden bedauerlicherweise als mittelmäßig eingestuft und nun war guter Rat teuer. Die Bewerbungsfristen für andere Berufe waren nach Bekanntgabe der Ablehnung bereits verstrichen. Es musste ein Plan C her und da in Michaels Familie bekannt war, dass er die abstrakte Schönheit von Summenformeln bewunderte, nahm man an, es läge eine naturwissenschaftliche Begabung des Jungen vor und brachte ihn folglich durch das gezielte Ziehen von Fäden im Bekanntenkreis im VEB Berlin Chemie in Berlin-Adlershof unter. Dort erlernte Michael im Betriebsteil für Pflanzenschutz und Schädlingsbekämpfungsmittel den Beruf des Agrochemikers.

Direkt nach Lehrabschluss brachte der junge Mann noch einige Monate Dünger im Agrochemischen Zentrum des Betriebes Havelobst in Groß Kreutz aus, ehe er als Funker nahe Rostock seinen Dienst an der Waffe verrichtete. Der Wehrdienst in der Nationalen Volksarmee sollte für Michaels staatsbürgerliches Bewusstsein von prägender Natur sein. Sein Soldatenwinter war selbst im Norden der Republik hart und schneereich. Schneestürme hatten auf dem Acker, auf dem die Radarbildschirme aufgestellt waren, um die Bewegungen der NATO-Flugzeuge aufzuzeichnen, Schneewehen von zwei Meter Höhe aufgetürmt. Inmitten dieser unwirtlichen Winterlandschaft fiel es Michael wie Schuppen von den Augen, dass die vielbeschworene Gefahr des Kalten Krieges keine reine Polemik aus der Zeitung sein konnte. Er beobachtete, wie die NATO-Kampfflugzeuge bei Eintritt in den Luftraum der DDR über der Ostsee vom Radar verschwanden und nur Augenblicke später an der Südgrenze Thüringens wieder auftauchten. Fünfhundert Kilometer in wenigen Minuten schärften Michaels Überzeugung vom Sozialismus und ließen ihn die Verwundbarkeit des kleinen Heimatlandes spüren.

Zurück im Havelobst stellte er fest, dass die Eintönigkeit des täglichen Einerlei und abwechslungslosen Daseins der Kollegen noch nicht alles gewesen sein konnte, was sich im Leben erreichen ließe. Dem Rat der Eltern folgend, zu studieren, begab sich Michael nach Halle, wo er an der Fachschule für Agrochemie und Pflanzenschutz zunächst das Abitur nachholte und daran anknüpfend drei Jahre studierte. Er fand während der Studienzeit eine Frau, zeugte in der Freistunde zwischen einer Sportstunde und dem Fach Marxismus/Leninismus sein erstes Kind mit dieser und schloss sein Studium letztlich mit dem Titel eines Fachschulingenieurs für Agrochemie und Pflanzenschutz ab.

Gerade als die junge Familie Mitte der achtziger Jahre im Arbeitsleben Fuß fassen wollte, gab es ein Projekt der Freien Deutschen Jugend, das die Stadtjugend zur Berufstätigkeit auf dem Land bewegen sollte. Das ohnehin schon knappe Wohnungsangebot wurde in den ländlichen Gegenden noch deutlicher überstrapaziert, was dazu führte, dass Michael mit seiner kleinen Familie zweieinhalb Jahre lang in einem Zimmer im Lehrlingswohnheim leben musste, ehe es endlich gelang, eine Altbauwohnung in Neustadt in Sachsen zu beziehen – fernab vom geliebten Havelland ein nie gänzlich gelungenes Heimischwerden für Michael. Während der desolaten Wohnsituation bis zur Zuweisung der Wohnung arbeitete Michael bereits als Agronom bei der landwirtschaftlichen Produktionsgenossenschaft Langburkersdorf in Sachsen und sammelte umfassende berufliche Fertigkeiten und Kenntnisse, während er innerhalb von acht Jahren alle Abteilungen durchlief.

Als aktives Mitglied der Betriebsparteigruppe spürte Michael, dass die Bevölkerung nach Veränderungen im politischen Gefüge und damit auch im täglichen Leben hungerte. Spätestens seit Beginn der sowjetischen Politik von гласность und перестройка[4] hatte dieser Wunsch nach Wandel einen Namen. Nachdem jedoch im Anschluss an den zehnten Parteitag der SED die Regierung um den Staatsratsvorsitzenden Erich Honecker wiedergewählt wurde und alles schlicht beim Alten blieb, war die Luft rund um die Akzeptanz der Bevölkerung raus und Ärger machte sich schleichend breit.

Michael erinnert sich im Speziellen an die Kommunalwahl am 6. Mai 1989. Die Zeitungen proklamierten am Montag nach dem Wahlsonntag eine nahezu hundertprozentige Wahlbeteiligung und das Fazit der zufriedenen Wiedergewählten »Unsere Bilanz ist gut und der Weg ist richtig.«

Das sich längst formierte Neue Forum hatte allerdings für Mitglieder im Wahlkomitee gesorgt und organisierte nun mit Hilfe der Kirche eine wahrheitsgetreue Wahlauswertung. Das Ergebnis dieser Neuauszählung zeigte weniger als siebzig Prozent gültiger Stimmen im Reigen einer bis dato undenkbaren Anzahl an ungültigen Stimmabgaben und sogar Neinstimmen. Der Unbill der Bevölkerung zeigte sich nun deutlich spürbar.

In dieser Zeit kaufte sich Michael sein erstes Auto. Ein Meilenstein, der den Wandel, der längst im Gange war, versinnbildlichen sollte, ohne dass Michael mit seinem Auto wirklich Meilen bestreiten konnte. Dieses Auto war natürlich kein Neuwagen, sondern ein ziemlich in die Jahre gekommener Trabant. Er kostete ein kleines Vermögen und war trotz beträchtlicher Alterserscheinungen mit zweitausendfünfhundert Mark kein Schnäppchen.

Vor der ersten Fahrt ging es für Michael samt Frau und Kind zunächst per Bahn in den Ostseeurlaub. Mitte August kamen sie erholt und nach zwei Wochen Urlaub ohne jeglichen Zugang zu Funk und Fernsehen zurück ins östliche Sachsen. Dort, mitten im Tal der Ahnungslosen, gaben Zeitung und DDR-Fernsehen auch nichts aufregend Wissenswertes preis.

Michael setzte sich zur ersten Überlandfahrt in seinen Trabi. Dieser hatte ein Loch im Boden, was bei der trockenen Spätsommerwitterung allerdings nicht sonderlich störte. Die Tour war dennoch recht beschwerlich, denn die Türen schlossen nicht mehr zuverlässig und mussten während der Fahrt zugehalten werden. Nach siebenunddreißig Kilometern ließ Michael das Gefährt frustriert stehen, marschierte zur Traktorwerkstatt seiner LPG und wollte dort um einen Termin zur Instandsetzung bitten. Verwundert stellte er fest, dass die Werkstatt geschlossen hatte. Es war Montag.

Mitten im Sommer.

In der Hochsaison also.

Und die Werkstatt hatte geschlossen.

Michael suchte über allen Maßen verwundert die LPG ab und traf endlich auf Kollegen. Auf seine Nachfrage, wo denn die Mechaniker wären, lachte man ihn einfach aus. Keiner mehr da, teilte man ihm mit. Alle abgehauen. Über Ungarn nach Österreich.

Michael war sprachlos.

Einige Tage später gab es einen routinemäßigen Termin zum Umtausch der Parteibücher. Statt neue

Bücher abzuholen, traten die verbliebenen Kollegen Michaels zuhauf aus der SED aus.

Ein Gefühl der Orientierungslosigkeit machte sich breit.

Man sprach von großen Demonstrationen montags in Leipzig, bald auch in anderen Städten der DDR. Es gab Gerüchte von Ausreisenden über die Prager Botschaft.

Die Presse gab nichts her. Das Tal der Ahnungslosen wurde beschallt vom Buschfunk. Doch Verlässliches ließ sich nicht entnehmen.

Eine beängstigende Situation!

Ende Oktober mussten die Kartoffeln eingebracht werden. Die fehlenden Mitarbeiter bedeuteten einen großen Aufwand an Mehrarbeit für die Zurückgebliebenen.

Am 9. November 1989 saß Michael mit einigen Kumpels in der Dunkelkammer des Fotolabors des Jugendklubs. Das Radio lief und eine Presseansprache Günther Schabowskis wurde ausgestrahlt.

Der berühmte Versprecher.

»Das tritt nach meiner Kenntnis ... ist das sofort, unverzüglich.«

Zwei seiner Freunde ließen alles stehen und liegen und fuhren sofort über die Grenze.

Euphorie überall.

Michaels Stimmungslage war eher gemischt.

Es war schwierig für ihn, einzuordnen, was das Geschehen bedeuten sollte.

Freunde fragten ihn in den Folgejahren immer wieder, warum er nicht in Leipzig war. Warum er nicht demonstrierte.

Wenn er antwortete, dass er in den Kartoffeln gewesen sei, lachte man ihn aus.

Privat änderte sich in den Tagen des Mauerfalls zunächst nichts für Michael. Der Prozess der Veränderungen im Ort verlief schleichend. Das Westbrot, das plötzlich in Fünfhundertgrammtüten zu 3,50 Mark im Dorfkonsum verkauft wurde, schmeckte auch nicht besser als das Dreipfundbrot für sechsundneunzig Pfennige beim Bäcker.

Vor der Währungsreform wurde die Sparkasse mit Plexiglasscheiben am Schalter aufgerüstet und die D-Mark wurde mit bewaffneter Polizei ins nun abgeschirmte Bankgebäude geliefert.

Das Überleben der LPG begann zu kippen. Das Getreide ließ sich nur noch für die Hälfte des Preises verkaufen, aber die Preise für Betriebsmittel vervielfachten sich. Bankkredite, die man sowieso nicht bedienen hätte können, wurden gar nicht erst gewährt und ein achtjähriger Rückabwicklungsprozess setzte ein, für den von den ehemals zweihundertdreißig Beschäftigten nur sechs übernommen wurden. Michael war einer von ihnen, weil er für die Pachtverträge der Genossenschaft verantwortlich zeichnete.

Völlig ideenlos, was nun zu tun sei, bewarb sich Michael bald darauf auf eine kaufmännische Stelle beim Landwirtschaftsamt und musste bei der Einstellung auf die Bibel schwören, an die er nicht glaubte. Der Schreibtisch sollte nicht sein Freund werden, denn Michael war die Freiheit des Arbeitens im Freien gewohnt und vermisste das Grün im Werden und Gedeihen. Drei Jahre lang bereitete er neben seiner Tätigkeit im Amt seine Selbstständigkeit vor.

Besuchte Lehrgänge an der IHK.

Hospitierte bei Kollegen.

Unterzeichnete schließlich einen Aufhebungsvertrag, als in seiner Region eine Arbeitslosenquote von angsteinflößenden einundzwanzig Prozent herrschte. Wieder gab es verständnisloses Kopfschütteln für ihn, der auf Sicherheit verzichtete, um in Freiheit durchatmen zu können.

Heute ist Michael ein in allen drei deutschsprachigen Ländern geachteter Pflanzenpapst, hat seine eigene Bibel geschrieben und trägt mit ihr das Wort in das Bewusstsein zahlloser Landwirte, Nachhaltigkeit und Naturschutz in der Landwirtschaft zukunftsträchtig zu implementieren.

TIEFGANG

Der erste selbst erwirkte Zenit eines jungen Lebens, nämlich das Erreichen des Schulabschlusses, und dies auch noch mit herausragenden Ergebnissen, erwies sich für Sebastian zunächst als Ankommen am wahrhaft tiefsten Punkt in jeglicher Hinsicht.

Nachdem der Familienrat beschlossen hatte, dass das naturwissenschaftliche Interesse des Sohnes im Erlernen des Berufes eines Facharbeiters für geologische Bohrungen berücksichtigt werden sollte, fügte sich der junge Mann vorerst dem nicht von ihm beeinflussten, vorbestimmten Weg. Von der Mutter direkt zu Lehrbeginn nach Hohenthurm, einem kleinen Ort östlich von Halle an der Saale, gebracht und im unwirtlichen Wohnwagenlager der Arbeiter sprichwörtlich abgesetzt, entpuppte sich der Lehrberuf schnell als freudloser Knochenjob in der Bohranlage denn als Traumberuf. Fernab jedweden motivierenden Vergnügens entschwanden Sebastians erste Wochen in der Arbeitswelt im Angesicht schwerster körperlicher Arbeit unbeschönigt schlicht im Dreck. Gefragt waren einzig Muskelkraft und Durchhaltevermögen auf der Suche nach Braunkohleflözen in erdigen Tiefen.

Nach Feierabend erlebte er täglich die Monotonie des gleichen Trotts im kargen Wohnwagendorf inmitten heftig trinkender und abgrundtief visionsloser Kollegen. Sebastian quälte sich entlang des tristen Wechsels zwischen morgendlichem Arbeitsbeginn und abendlichem

Arbeitsende sowie des Fehlens geistiger Nahrung und geriet in Ermangelung inspirierenden Austauschs inmitten der hart arbeitenden, aber einfachen Arbeiterschaft schnell in den Strudel regelmäßiger Alkoholexzesse nach der Schicht.

Schnörkellos wurde der Sechzehnjährige über Nacht in roher Manier zum Erwachsenwerden gezwungen. Einzige Lichtblicke stellten die regelmäßigen sechswöchigen Berufsschulblöcke dar, für die Sebastian ins erzgebirgische Johann-Georgenstadt reisen musste, um an der zentralen Ausbildungsstätte für Fachkräfte im Bereich der geologischen und Montanindustrie als einer von über die Jahre nur insgesamt 997 weiteren Lehrlingen seiner Zunft den theoretischen Teil der Ausbildung zu erlangen. Während der Bahnreise zur ersten Berufsschulwoche lernte Sebastian seine große Liebe kennen und erfuhr in der Folge erstmals im Leben verlässliche Zuneigung nach einer Kindheit und Jugend inmitten aufreibender zwischenmenschlicher Ambivalenz. Er eroberte nicht nur das Herz seiner heutigen Frau in Windeseile, sondern erhielt nach kurzer Zeit ebenso einen festen Platz in ihrer Familie. Dieses wohltuende Gefühl erster wahrhaftiger Nestwärme in so späten Jahren verhalf Sebastian schließlich zu einem eigenen Selbstbewusstsein und endlich verspürter Orientierung sowohl im privaten Umfeld als auch im Verständnis der Gesellschaft, die ihn umgab.

Nach drei schier endlosen Jahren war die Ausbildung überstanden und weitere drei fremdbestimmte Jahre

schlossen sich an. Auf Wunsch der Mutter und dem Antrieb folgend, anschließend studieren zu können, ver-
pflichtete sich Sebastian zum sechsunddreißig Monate
währenden Dienst an der Waffe im Bataillon Chemische
Abwehr in Oranienburg. Dort lernte er seine beiden
besten Freunde kennen, die ihn seither begleiten. Ein
weiterer stabiler Bund fürs Leben war geschlossen und
bereicherte dieses fortan wertgebend.

Sebastian trainierte während des Wehrdienstes viel,
war sportlich überaus erfolgreich und verbrachte die
freien Abende als stiller, faszinierter Beobachter einer
bereits bestehenden Singegruppe. Irgendwann neigte
sich die Dienstzeit des Gitarre spielenden Leiters der
Gruppe dem Ende. Er schenkte Sebastian seine Gitarre
und meinte, dies wäre nun seine Aufgabe. Sebastian solle
spielen lernen und die Leitung der Gruppe übernehmen.
Er würde dies schon schaffen. Und Sebastian schaffte es.

Obwohl er nie zuvor ein Instrument in der Hand hatte,
brachte er sich das Gitarrespielen innerhalb kürzester
Zeit selbst bei. Er übte in jeder freien Minute, fertigte
sich ein hölzernes Griffbrett an und machte nach einer
Mandel-OP damit sogar Trockenübungen im Kranken-
bett des Sanitätstraktes. Es folgten die ersten Auftritte
bei Versammlungen innerhalb des Bataillons.

Mutig spielte er »Es ist an der Zeit«, ein Lied Hannes
Waders, das die Schrecken des Krieges mit frappierender
Offenheit anprangert. Eine Programmwahl, die zum
sofortigen Verbot der Singegruppe führte und zur De-
gradierung des Gitarristen. Dank seiner sportlichen Er-

folge durfte Sebastian kurz darauf doch wieder Musik spielen und trainierte für eine Weile die Singegruppe der örtlichen Schule in Vorbereitung auf einen musikalischen Wettbewerb. Dort traf er auf eine Schülerin, mit der er sein erstes Duo gründete. Unverhofft war dieser erste Versuch, selbst künstlerisch tätig zu sein, von schnellem Erfolg gekrönt. Und genauso geschwind verrann der kurze Gewinn mit dem Ende der Armeezeit wieder.

Sebastian beendete die Zeit bei der NVA nicht nur frisch verheiratet, sondern auch mit seiner bald lebensbestimmenden, neu entzündeten Leidenschaft für Musik. Er verließ die NVA darüber hinaus mit dem seiner Laufbahn entsprechenden höchst möglichen militärischen Rang, obwohl er in den zurückliegenden drei Jahren ganze drei Male, nicht nur wegen des Interpretierens unpassenden Liedgutes, degradiert wurde. Kultur und Sport leiteten Sebastian immer wieder einen Weg aus der Misere.

Das Ende der Militärzeit glich einer Zäsur in Sebastian Leben.

Er begann in der Folge zu studieren, wählte das Fach Maschinenbau statt Geologie, damit er nicht weitere Jahre fern der Heimat und der Ehefrau verbringen musste, und baute nebenher die Wohnung aus, welche ihm und seiner jungen Frau im Bezirk Potsdam zugewiesen wurde. Sport und Kultur wurden auch im Studium bestimmend und öffneten Sebastian so manche Tür. Er spielte in seiner ersten Band, wurde Vater und schloss das Studium fünf Monate vor dem Fall der Berliner

Mauer ab. Die eigentlich bereits im Studium zugewiesene und mit einem Arbeitsvertrag besiegelte Stelle trat Sebastian nicht an. Stattdessen wagte er in unsteter Zeit einen Schritt in eine besonders ungewisse Zukunft und erreichte vor der Kulturabteilung des Bezirksrates die Erteilung der Spielerlaubnis und damit das Recht, bei öffentlichen Auftritten eine festgelegte Gage in Rechnung stellen zu dürfen. Diese Spielerlaubnis, auch liebevoll Pappe genannt, stellte die Grundfeste eines Lebens als selbstständiger Künstler im Kulturgefüge der DDR dar. Ohne Bewilligung dieser war es untersagt, regelmäßig öffentlich aufzutreten und Einnahmen aus der Darbietung zu erzielen, denn die gezielte Überprüfung der Kunst auf den Bühnen des Landes war gleichzusetzen mit einer Lebensversicherung des sozialistischen Staates, der es sich nicht erlauben wollte, dass sich unkontrolliertes Gedankengut unter dem Deckmantel der Unterhaltungsmusik ausbreitete. Ein hehrer Wunsch fernab jeglicher Realität ...

Im politischen Chaos rund um die Grenzöffnung löste sich die Gruppe auf und Sebastian begann, sich und seine kleine Familie mit einem Sammelsurium an Gelegenheitsjobs über Wasser zu halten. Er tingelte wochenlang durch deutsche Großstädte und machte Straßenmusik. Sammelte das verdiente Kleingeld in einem Tabakbeutel und versuchte, so viel wie möglich davon nach Hause zu Frau und Kind zu bringen. Kam er zurück von solch einer Straßentour, saß er mit seiner Frau auf dem Fußboden und zusammen zählten sie das winzige Vermögen, das er aus dem Säckchen kippte. Sebastian arbeitete als Aushilfe auf dem Bau und riss im Zuge erster Sanierungen Kachelöfen aus alten Mietshäusern heraus. Er stand mitten in der Nacht auf und lieferte viele Monate lang Zeitungen auf dem Klapprad seiner Frau aus.

Dann kam zu Beginn der neunziger Jahre ein Anruf mit dem Hinweis, dass eine Band aus der Gegend, die vielversprechendes Potential zeigte, einen Instrumentalisten suchte. Sebastian stieg ein, zunächst um die Lücke des fehlenden Musikers zu besetzen, und bald wurde er auch der Sänger der Gruppe.

Eine Weile trug er parallel dazu weiterhin Zeitungen aus. Irgendwann überschnitten sich die Abfahrtzeiten des Bandbusses zu Auftritten im ganzen Land mit der Aufgabe der pünktlichen Zeitungszustellung. Sebastian legte eines Morgens die Zeitungspakete kurzerhand vor der noch geschlossenen Bäckerei im Viertel ab und packte einen handgeschriebenen Zettel obenauf: »Leute, Ihr kommt ja sowieso alle hier vorbei, also nehmt Euch Eure Zeitung selbst mit. Ich kann heute nicht.«

Seither singt und spielt er. Berührt die Menschen und bewegt sie aufs Tiefste. Immer wieder und zum Gewinn aller. Welch glückliche Wende!

DU HAST DEN FARBFILM VERGESSEN ♪♫

Michaela wuchs in Luisenthal auf, einer kleinen, abgeschieden liegenden Gemeinde mitten im Thüringer Wald.

Manchmal schien es, als gingen die Uhren in Luisenthal ein wenig langsamer als anderswo. Das Leben war, vermutlich aus Mangel an Alternativen, einfach beschaulicher. Obwohl es seit den achtziger Jahren im Osten durchaus fast flächendeckend Farbfernsehen gab, lernte Michaela die bunte Welt erst nach dem Ende der DDR kennen. Auch in der Nachbarschaft gab es keine Farbfernsehgeräte und so wusste Michaela nichts von der Farbe in Defa-Märchenfilmen oder der plakativen Koloration so manch einer westdeutschen Zeichentrickserie, die sie ab und zu schauen durfte. Manchmal, wenn der Wind ungünstig über die Kammlagen brauste, bedurfte es mindestens drei Erwachsener, um in Michaelas Elternhaus wieder ein halbwegs erkennbares bewegtes Bild auf die trotz allem immer krisselig-unscharfe Schwarz-Weiß-Mattscheibe zu zaubern. Einer der Großen musste dabei mit Feingefühl die Drehknöpfe zur Senderwahl bedienen. Einem anderen war das Los beschieden, den Wettern, die die Bildstörungen verursachten, mutig zu trotzen und vor die Tür quer über den Hof zu gehen, um mit sanften Bewegungen die auf einem höher stehenden Holzklotz befestigte Antenne neu auszurichten. Dazwischen, mitten im Hausflur, stand die dritte Person und übermittelte laut rufend den Erfolg des Justierens vom Wohnzimmer auf den Hof und zurück, bis sich endlich ein annehmbarer Effekt in der Bildqualität abzeichnete.

Vom Vorwendegeschehen bekam man in Luisenthal nichts mit oder man sprach nicht darüber, schon gar nicht mit dem Nachwuchs. Doch zog einige Monate vor dem Mauerfall eine Familie ins Dorf, die aus der großen Stadt Frankfurt an der Oder kam. Die Tochter der Zugezogenen ging fortan in Michaelas Klasse und die beiden Mädchen freundeten sich schnell an. Michaela staunte ein wenig über das Elternhaus ihrer neuen Klassenkameradin, denn alles war so ganz anders, als sie es bisher kannte. Der Vater trug lange Haare. Ein Novum in der für ostdeutsche Verhältnisse ziemlich gottesfürchtigen Gemeinde. Michaelas neue Freundin war auch kein Mitglied der Jungen Pioniere und als sie sich erkundigte, warum das so sei, lautete die Antwort schlicht, ihre Eltern wünschten dies nicht. War Michaela zu Besuch bei den neuen Dorfbewohnern, hörten die Erwachsenen den Radiosender DT64 oder gar die Rolling Stones vom Band. Völlig neue Welten eröffneten sich dem staunenden Kind.

Ab dem Sommer 1989 erzählte Michaelas Freundin manchen Tags morgens auf dem Schulhof vom Fluchtgeschehen und den Botschaften in Budapest oder Prag. Michaela wagte nicht, bei den eigenen Eltern nachzufragen, was es damit auf sich hatte, und machte sich stattdessen ihren eigenen, kindlichen Reim, der in recht angsteinflößenden, verzerrten Vorstellungen mündete.

Eines Morgens im November erwachte Michaela in heller Vorfreude auf die am gleichen Tage stattfindende Kreismathematikolympiade, an der sie teilnehmen sollte. Anstatt vom Vater in die Kreisstadt gefahren zu werden, meinte dieser zu ihr, sie solle sich anziehen, er würde mit ihr für ein paar Tage zur Tante Gisela in den Schwarzwald fahren.

Dort schaute sie abends vor dem Schlafengehen eine ihrer Lieblingstrickfilmserien mit vor Staunen tellergroßen Augen: Im Westen waren die Schlümpfe blau! Wer hätte das geglaubt!

TEMPERATURSTURZ

Anordnung
über die Bewerbung um eine Lehrstelle – Bewerbungsord-
nung[5]

vom 5. Januar 1982 (GBl. I Nr. 4 S. 95; VuM Nr. 1 S. 2)

Zur Verwirklichung des verfassungsmäßigen Rechts aller Jugendlichen, einen Beruf zu erlernen, wird im Einvernehmen mit den Leitern der zuständigen zentralen Staatsorgane sowie in Übereinstimmung mit dem Bundesvorstand des Freien Deutschen Gewerkschaftsbundes und dem Zentralrat der Freien Deutschen Jugend folgendes angeordnet: [...]

§2
Alle Schüler sind entsprechend der Verordnung vom 15. April 1970 über die Berufsberatung (GBl. I Nr. 43 S. 311) langfristig und systematisch zu befähigen, ihre Berufsent- scheidung in Übereinstimmung mit den gesellschaftlichen Er- fordernissen und ihren persönlichen Interessen, Neigungen und Fähigkeiten verantwortungsbewußt und mit Sachkennt- nis zu treffen.

§3
[...]
(3) Zur Vorbereitung auf ihre Berufsentscheidung sind die Schüler über die für die Schulabgänger des Kreises geplanten Lehrstellen zu informieren. Dazu sind den Schulen sowie den Berufsberatungszentren und -kabinetten Lehrstellenverzeich- nisse zu übergeben. [...]

Luise traf ihre Entscheidung, welcher Lehrberuf nach Abschluss der zehnten Klasse der Polytechnischen Oberschule der richtige für sie sei, nicht ganz entsprechend der gesetzlich gewünschten Vorgehensweise, die sich in der Bewerbungsordnung der Deutschen Demokratischen Republik nachlesen lässt. Sie blätterte das ihr vorschriftsmäßig ausgehändigte Lehrstellenverzeichnis weder verantwortungsbewusst entsprechend ihrer persönlichen Interessen, Neigungen und Fähigkeiten noch im Einklang mit den gesellschaftlichen Erfordernissen durch.

Vielmehr durchforstete sie, einer spontanen pubertären Laune nachgebend, das kleine Heft mit Lehrstellenbezeichnungen und Ausbildungsorten nach der geografisch am weitesten vom Heimatort entlegenen Möglichkeit, einen Beruf zu erlernen und gleichzeitig das Abitur abzulegen. Die unorthodoxe Weichenstellung für die eigene Zukunft trug fortan die Berufsbezeichnung einer Geologiefacharbeiterin und es verschlug Luise zur Ausbildung an die Zentrale Ausbildungsstätte für Fachkräfte im Bereich der geologischen und Montanindustrie im Ortsteil Neuoberhaus in Johann-Georgenstadt.

Ihre Eltern, die Luise bis dahin ein von warmer Geborgenheit geprägtes, behütetes Zuhause gegeben hatten, brachten die Tochter mit dem Auto zum Lehrbeginn ins Erzgebirge. Die Internatsunterkunft in einem ehemaligen Jugendwerkhof ließ sich nur als absolut desolat beschreiben und Luises anfänglicher Mut sowie ihre Entschlossenheit, das Glück nun allein in der großen weiten Welt fernab der Heimat zu suchen, schwanden erst einmal kläglich dahin. Am Abend des ersten Tages rannen heimliche Tränen, während sie sich aufs Klo zurückzog und auf ihrem Weg zurück nach Hause weinte auch Luises Mutter bitterlich. Nach kurzer Zeit stellte sich jedoch heraus, dass die schlechten Wohnbedingungen, die anfangs so abschreckend auf Luise gewirkt hatten, der Freude an der Ausbildung keinen Abbruch leisten konnten. Es entwickelte sich innerhalb kürzester Zeit ein unübertefflicher Zusammenhalt unter den Schülerinnen und Schülern ihrer Klasse und rückblickend beschreibt sie die dreijährige Ausbildung als wahrlich schöne Zeit.

Direkt nach Abschluss der Lehre und mit dem gleichzeitigen Ablegen des Abiturs nahm Luise ein weitere drei Jahre dauerndes Ingenieurstudium für Geologie an der Bergakademie im sächsischen Freiberg auf. Auch heiratete sie während der Studienzeit.

Das Studium wies ihr den Weg direkt in ihren Traumberuf als Objektgeologin. Eine Mischung aus theoretischer Arbeit und praktischem Tun durch Probenentnahmen und deren Auswertungen auf Gas- und Erdwärmebohranlagen in der Republik sorgten für spannende Abwechslung und Herausforderungen im Wohlfühlbereich. Schmunzelnd erinnert sich Luise an ein Erdwärmeprojekt im Brandenburgischen, welches einst der Champignonzucht Erich Honeckers zu großen Ernteerfolgen verhelfen sollte.

Bald darauf wurde Luise Mutter und widmete sich während des ersten Lebensjahres ihres Kindes voller Freude und Hingabe ihrer neuen Rolle. Gleichwohl es für sie überaus erfüllend war, ausschließlich für ihr Kind zu sorgen, trieb sie das schlechte Gewissen bezüglich der langen beruflichen Auszeit um und sie entschloss sich, nach dem ersten Geburtstag des Nachwuchses zumindest wieder halbtags zu arbeiten.

Dieser Plan funktionierte nur für ein Vierteljahr, denn mittlerweile war der Eiserne Vorhang gefallen und Luise erkannte, dass im rasanten Verschwinden der ostdeutschen Firmen vom nunmehr gesamtdeutschen Markt auch ihr Arbeitsplatz bedroht war und das sich aus einer Halbtagsstelle errechnete potentielle Arbeitslosengeld niemals zur Versorgung der Familie ausreichen würde. Sie biss in den sauren Apfel und arbeitete Vollzeit, so lange es möglich war, denn es wurde schnell offensichtlich, dass vor allem Frauen entlassen wurden. Mit dem Versprechen einer Umschulung zur Steuerberaterin schien der drohende Arbeitsplatzverlust zunächst nicht erwähnenswert erschreckend. Als nach einer Korrektur der Umschulungsbezeichnung selbst der Titel der Steuerfachgehilfin nicht mehr zur Debatte stand, sondern letztlich nur ein Lehrgang zum Steuerfach durchgeführt wurde, sah sich Luise einem kaum beherrschbaren Strudel fataler Emotionen und Beklommenheit ausgesetzt. Die Tatsache, den geplanten, liebgewonnenen Weg abrupt verlassen zu müssen, verursachte tiefe Traurigkeit und warf sie schließlich völlig aus der Bahn.

Sie landete durch eine Arbeitsbeschaffungsmaßnahme im ortsansässigen Straßenverkehrsamt und bekam den Aufgabenbereich der Ummeldung von ostdeutschen Autos und landwirtschaftlichen Fahrzeugen nach neuem Weststandard zugeteilt. Während der Verrichtung dieser Tätigkeit traf sie täglich Autohausbesitzer und Autoverkäufer aus der Gegend, die ihre Fahrzeuge bei Luise neu an- oder ummeldeten. Diese Kontakte nutzte sie, um sich nach Ablauf der ABM-Beschäftigung als Autoverkäuferin zu bewerben. Das Glück schien Luise wieder hold zu sein, denn sie erhielt einen Arbeitsvertrag und verkaufte in der Folge Autos an vornehmlich ältere Kunden. Nach einem Jahr nahm sie im guten Glauben einer erwarteten Gehaltserhöhung einen Termin bei ihrem Vorgesetzten wahr und verstand die Welt nicht mehr, als dieser ihr stattdessen die Kündigung aussprach.

Die Kontrolle über das eigene Leben entglitt abermals und Luise sah sich nur noch nackter, eiskalter Existenzangst ausgesetzt.

Ihren Traum eines zufriedenen Berufslebens in der Geologie hatte sie längst zu Grabe getragen, bis das Arbeitsamt sie eines Tages aufforderte, sich bei einer Firma in Frankfurt an der Oder zu bewerben, die sich mit Flugdatenauswertung beschäftigte. Die ausgelobte Anstellung ging nicht an Luise, aber sie schöpfte Mut, sich doch wieder nach einer Arbeitsstelle in ihrem geliebten Metier der Geologie umzusehen und bewarb sich in einem Unternehmen in unmittelbarer Nähe ihres Wohnortes.

Luise wurde zum Vorstellungsgespräch eingeladen und angenommen. Zum Einstieg gab es heißen Kaffee, der so stark war, dass sie sich bis heute daran erinnert. Sie arbeitet noch immer dort – seit dreißig Jahren. Nach den frostigen Erfahrungen auf einem neuen Arbeitsmarkt mit unbekannten, neuen Regeln in den ersten Jahren nach dem Mauerfall fasste Luise wieder Fuß im Leben und konnte das Eis zu guter Letzt von der Seele kratzen.

ZWEI HERZEN, EINE BRUST

Über Nacht verschwand die über Jahrzehnte bekannte und in ihrer Vielfalt recht übersichtliche allgemeinbildende ostdeutsche Schullandschaft aus POS und EOS. Es blieben einzig die Gebäude, die schon immer Schulen beherbergt hatten. Das Mobiliar in den Räumen war das gleiche wie im letzten Schuljahr, welches wiederum zumindest noch teilweise entsprechend im nun abgeschafften bildungspolitischen Rahmen eines nicht mehr existenten Staates vollendet wurde. Einzig einige Wandzeitungen ideologisch verflossenen Inhalts und Karten mit nicht mehr bestehenden Grenzen aus dem Geographieunterricht der vergangenen Jahre dürften hastig aus den Klassenzimmern entfernt worden sein.

Der Wandel war sichtbar und auch wieder nicht.

Noch vor den Sommerferien musste hingegen jede Schülerin und jeder Schüler bereits wissen, was man gar nicht wissen konnte: Gehe ich zukünftig zur Gesamtschule, besuche ich eine Realschule oder wähle ich gar das Gymnasium für mich? Wo lagen die Unterschiede? Welcher Weg wäre der klügste?

Was war überhaupt das Ziel nach dem Ende der Schulzeit?

Auch wenn die Lehrer dieselben waren wie vor den großen Ferien, konnten auch diese weder im Juli noch im September mit Bestimmtheit Empfehlungen abgeben, die bei der Entscheidungsfindung geholfen hätten.

Franziskas Mutter war schlichtweg überfragt. Franziska selbst gleichermaßen. Wie hätte das Mädchen auch Einblick haben sollen in das richtige Weiterhin auf dem Weg zum Erwachsenwerden, wenn man an der Schwelle von der sechsten zur siebten Klasse stand?

Mutter und Tochter entschlossen sich letztlich für das neue Konstrukt der Gesamtschule, die am Ende der zehnten Klasse bei gutem Leistungsstand automatisch einen Realschulabschluss bereithielt. Sie planten, dass Franziska, die schon immer sehr gute Noten auf ihren Zeugnissen nach Hause gebracht hatte, erst im Anschluss auf ein Gymnasium gehen sollte. Es war eine Entscheidung, die der abwartenden Vorsicht geschuldet war, denn so, hoffte das Mutter-Tochter-Gespann, konnte sich Franziska im neuen deutschen Schulwesen orientieren, ehe es in die Abiturphase ging.

Am ersten Schultag im September 1991 saß die frischgebackene Siebtklässlerin nun mit einigen wenigen bekannten und vielen neuen Gesichtern im Klassenraum ihrer neuen Schule, einer Gesamtschule in Berlin-Grünau. Alle Schülerinnen und Schüler saßen erwartungsvoll und gemäß typisch sozialistischer Prägung sehr diszipliniert an ihren Plätzen, als sich die Tür öffnete und der Lehrer eintrat. Dieser wurde augenblicklich von den Schülern in bekannter Weise im Chor begrüßt und fand damit aus dem Staunen nicht mehr heraus. Er entgegnete dem uniformen Gruß mit den Worten, dass niemand mehr so sitzen brauche, als würde er gleich den Rohrstock befürchten müssen. Die Kinder sollten sich erst einmal locker hinsetzen, gemäß dem, was sie selbst als locker empfänden.

Franziska beschreibt diesen Moment als den Anfang des Endes. Allein die Nennung eines zu befürchtenden Rohrstocks wirkte ungleich befremdlich, denn dies war nun wirklich keine Erfahrung, die auch nur eines der Kinder je in der eigenen Schulvergangenheit gemacht hatte. Die Erziehung im DDR-Schulwesen zeichnete sich zwar durch besondere Strenge aus, doch war die Prügelstrafe auch im Osten Deutschlands seit den Kindertagen der Großeltern abgeschafft und die körperliche Unversehrtheit im Klassenzimmer ein selbstverständlich gelebtes Grundrecht eines jeden Kindes. Die Aufforderung, altes, dem Lehrer und der Schule als Institution Respekt zollendes Gemeinverhalten zugunsten eines entspannten Verhaltens abzulegen, glich dem Öffnen der Büchse der Pandora. Gleich eines Dammbruches schwappte das geordnete Benehmen der Klasse ins Unkontrollierbare und fand aus dieser Extremwertumkehr nie wieder heraus. Der zukünftige Klassenclown machte sich sofort besonders locker und legte die Beine auf den Tisch.

Mobbing stand fortan an der Tagesordnung.

Die Lehrer standen den Leidtragenden nicht bei und verschlossen die Augen aus unergründlichen Motiven.

In einer Zeit des absoluten Umbruchs fanden sich viele Familien an Scheidewegen und diese unbewältigten, teils traumatischen familiären Zustände trugen Franziskas Mitschüler ungefiltert in den Unterricht. Fern des sicheren Halts verlässlicher, bekannter Strukturen glitten viele in eine Pubertät ohne Grenzen und ohne ruhige Häfen. Im Glauben, sich jede Freiheit nehmen zu dürfen und alles machen zu können, gingen die Schüler in kleinen Gruppen Gleichgesinnter unglaublich brutal mit den vermeintlich anderen um.

Kein Interesse an Make-up und keine Mittel für teure, plakative Markenkleidung? Das allein genügte, um in den aussichtslosen Opferkreislauf zermürbenden Mobbings zu geraten.

Franziskas Mutter spürte, dass die Tochter sich unwohl fühlte, kaum Anschluss fand im neuen Klassenverband und offenbar nicht mithalten konnte im Statussymbolwettbewerb, der über Gedeih und Verderb im innerschulischen Beliebtheitsranking richtete. Sie kaufte Franziska eine Windjacke von Adidas, obwohl sie selbst über Nacht arbeitslos geworden und das Geld knapp war. Franziska trug das Kleidungsstück an genau zwei Tagen, ehe es ihr in der Schule auf Nimmerwiedersehen gestohlen wurde.

Franziska überlebte die folgenden vier Jahre und beschreibt den Schulbesuch rückblickend als schlimmste Zeit, die sie je hatte. Es waren ihre privaten Rückzugsinseln, die ihr die Freude am Lernen bewahrten. Eine liebevolle kleine Familie, bestehend aus der alleinerziehenden Mutter und einer wunderbaren Oma, die ihr immer zur Seite stand.

Und der Gesang. Franziska ging zur Musikschule und nahm Gesangsunterricht. Mutter und Großmutter unterstützten das offensichtliche Talent des Kindes bereitwillig und ausdauernd. In der Schule indes geriet Franziska der private Gesangsunterricht zum Nachteil. Die Musiklehrerin, eine Dame, die selbst gern Berufsmusikerin geworden wäre, aber nie die Chance dazu erhalten hatte, schien ihr die Begabung und das Erlernte zu neiden. Sie benotete Franziska stets schlechter als ihre Mitschüler. Mit der Begründung, dass Franziska Gesangsunterricht nähme und ergo höhere Erwartungen erfüllen müsste, dürfe sie viel strenger als alle anderen bewertet werden und deshalb gab es nie eine Eins, sondern immer nur eine Zwei auf jede gesangliche Leistungskontrolle. Eine wahrlich frustrierende Dauererfahrung.

Obwohl sich Franziskas neue Schule in Berlin-Grünau immer mehr als Brennpunktschule herauskristallisierte, gelang es ihr, einen Realschulabschluss mit sehr guten Leistungen abzuschließen. Der Übergang zum Gymnasium schien darauffolgend von Stolpersteinen gepflastert sein. So einfach, wie einst gedacht, war es nicht, nach der zehnten Klasse das Abitur abzulegen. Plötzlich mussten Bedingungen erfüllt werden, von denen damals im Sommer 1991 an der Schwelle zur siebten Klasse weder Franziska noch ihre Familie etwas ahnten. Der Tatsache folgend, dass das Mädchen bereits seit sechs Jahren Russisch lernte, und ihre zweite Fremdsprache Englisch war, schrumpfte die Auswahl infrage kommender Gymnasien in der großen Stadt Berlin auf gerade zwei einzelne Schulen zusammen. Denn Franziska wollte das Russische nicht ad acta legen und stattdessen Französisch beginnen, um eine größere Auswahl an potentiellen Gymnasien zu gewinnen.

Eine der beiden verbliebenen Schulen lehnte Franziskas Antrag auf Aufnahme ab. So blieb das Flatow-Sportgymnasium in Berlin-Köpenick. Franziska schaffte den Anschluss nicht, entwickelte Prüfungsängste, obwohl sie in Übungsphasen ohne Prüfungsdruck sicheres Wissen bewies und verließ die Schule nach eineinhalb Jahren schließlich ohne Abitur.

Rückblickend schätzt sie Zeit an der Flatow-Schule dennoch und äußert sich wertschätzend vor allem ob ihres dortigen Kunstlehrers, der ihr Talent zu zeichnen erkannte, förderte und sie ermutigte, ihren Weg in der Kunst zu gehen. Erstmals erkannte Franziska, dass die Kunst, in welcher Form auch immer, tatsächlich eine berufliche Option für sie sein könnte. Zeitgleich nahm sie weiterhin Gesangsunterricht und entdeckte zum Leidwesen ihrer Lehrerin, die ihre Stimme und Fertigkeiten passgenau in der Klassik verortet sah, eine überbordende Leidenschaft für das Musical. Die schillernde Welt rund um das »Phantom der Oper« und ähnlicher Stücke, die gerade weltweit en vogue waren, faszinierten Franziska und zogen sie in einen strudelähnlichen Bann.

Nachdem Franziska sehr realistisch erkannt hatte, dass ihre Prüfungsängste vor allem in den Naturwissenschaften niemals zum Abitur führen würden, entschloss sie sich, in Berlin-Neukölln zu einer Aufnahmeprüfung des Studienganges Musical zu gehen. Sie bestand, verließ die Schule in der elften Klasse und begann eine Ausbildung zur Musicaldarstellerin. Franziska mühte sich im Spagat aus Musicalgesang und begleitenden Fächern wie Ballett, Jazzdance, Steppdance und so weiter. Ein schwieriges Unterfangen für die nunmehr junge Frau, die zwar gesanglich einzigartig war, aber niemals zuvor getanzt hatte. Nach eineinhalb Jahren wagte sie die Teilnahme an Open Auditions der Stella Entertainment und des Musicals »Tanz der Vampire«. Beide Gesellschaften ließen sie durchfallen, obwohl sie Franziska absolute stimmliche Eignung bescheinigten. Tänzerisch reichte es einfach nicht. Sie hatte zu spät im Leben begonnen, Musik und Tanz zu vereinen.

Eigentlich, sagt Franziska heute, war es aber genau richtig, in diesen beiden Vorsingen und Vortanzen durchgerauscht zu sein, denn endlich widmete sie vollumfänglich sich der Klassik, die schon so lange auf sie gewartet hatte.

Franziskas Oma, eine studierte Opernsängerin, nahm Kontakt zu ihrer ehemaligen Kommilitonin Jutta Vulpius auf, die nicht nur eine bekannte Kammersängerin, sondern auch Professorin für Gesang an der Hanns-Eisler-Musikhochschule in Berlin war und bat darum, die Enkelin einmal unter die Lupe zu nehmen. Franziska sang bei ihr vor und Frau Vulpius bescheinigte Franziskas Oma: »Also Ursula, deine Enkelin hat gute Anlagen. Aber erstmal müssen wir den ganzen Schrott wieder von den Stimmbändern runtermachen.«

Franziskas Mut trat zurück ans Tageslicht. Sie wagte es, im Alter von neunzehn Jahren an den Hochschulen in

Weimar und Rostock vorzusingen, wurde jedoch nicht angenommen, da sie noch nicht so weit war, ein Studium stimmlich zu bewältigen.

Dann verliebte sie sich erstmals und versuchte, ihrer Liebe zu folgen, ohne die Kunst aus dem Blick zu verlieren.

Da war ja auch noch das Zeichnen. Franziska bewarb sich also an der Kunsthochschule in München und erfüllte die Aufnahmebedingungen. Franziska bewarb sich zeitgleich ebenso an der Berufsfachschule für Musik in Plattling, einem Städtchen auf halber Strecke zwischen Regensburg und Passau. Auch hier bestand sie die Aufnahmekriterien und bekam einen Ausbildungsplatz angeboten.

Eine schwierige Entscheidung stand an: entweder pro Gesang und contra Zeichnen, oder pro Zeichnen und contra Gesang.

Franziska schlug letztlich den Platz an der Kunsthochschule in München aus und bereut diesen Schritt seither in den Tiefen ihres Herzens, ohne jedoch jemals unglücklich über ihre Wahl für die Ausbildung an der Berufsfachschule für Musik gewesen zu sein. Das Schlagen von zwei ebenbürtigen Herzen in der eigenen Brust sorgt für einen lebenslangen wehmütig-inspirierenden Wechsel aus Lust und Last. Plattling wurde zu einer wunderschönen Zeit in Franziskas Leben. Freiheit pur unter einem ausschließlichen Schirm von Musik und Singen. Sie schloss erfolgreich ab und landete sofort als Solistin in einer international erfolgreichen Band, die Klassik und

Heavy Metal auf bezaubernde Weise zusammen auf die Bühne brachte und immer noch bringt. Franziska lebte viele Jahre den Traum und den Albtraum einer Berufsmusikerin mit allen Höhen und Tiefen im Wechsel der Auftritte auf den glanzvollsten Bühnen der ganzen Welt und existenziell kargen Tagen zwischen den großen Shows.

Dann hing sie das Gewand der Sängerin an den beruflichen Haken und besann sich zurück.

Ihr unstetes, von ewig finanzieller Ungewissheit geprägtes Musikerleben belastete sie mehr und mehr.

Heute ist Franziska glücklich. Sie zeichnet täglich und verdient ihren Lebensunterhalt als Mediengestalterin und Illustratorin.

Das Dilemma der doppelten Liebe scheint gelöst und das ewige Hin und Her im Entweder-oder, Oder-entweder ist zur Ruhe gekommen.

BERUFSPENDLER

Im Juni des Jahres 1991, vierzehn Tage vor den Abschlussprüfungen zur Mittleren Reife herrschte einzig Klarheit über die Unklarheit.

Welche Rechtsgrundlagen würden für die Prüfungen gelten?

Würde der Lehrstoff der vergangenen Jahre abgefragt? Oder entschieden die Verantwortungsträger im sächsischen Leipzig kurzerhand, die Regularien des schnell kopierten, aber noch längst nicht im zukünftigen Freistaat Sachsen implementierten bayerischen Schulwesens auch für den neuen Realschulabschluss zu übernehmen? Dies hätte fraglos bedeutet, dass die Schüler Prüfungswissen zu Inhalten bereithalten sollten, die sie nie im Unterricht gehört hatten.

Im Umkehrschluss war es nichtsdestominder undenkbar, beispielsweise eine Prüfung im Fach Geschichte abzulegen, die die sozialistisch gefärbte Auslegung der Welt des weichenden Staates zu Grunde legte.

Die einzigen verlässlich lernbaren Inhalte, auf die sich Uwe und seine Mitschüler wirklich vorbereiten konnten, waren die der Naturwissenschaften. Ein lineares Gleichungssystem schert sich nicht darum, ob es im Kommunismus oder in der sozialen Markwirtschaft berechnet wird. Auch der Photosynthese ist die politische Gesinnung einer Schule reichlich egal. Sie funktioniert überall auf die gleiche Weise. Selbst Wasser besteht allerorten aus zwei Teilchen Wasserstoff und einem Teil Sauerstoff.

Die Entscheidung fiel kurz vor der Angst pro altem Schulstoff und contra bayerischer, unbekannter Formate aus. Die Prüfungsergebnisse des gesamten Jahrgangs gerieten historisch schlecht. Die Jugendlichen bestanden irgendwie und dies allein zählte, um auf dem gerade erst begonnenen Hürdenlauf in Richtung beruflicher Zukunft weiterzustolpern.

Uwes ältere Geschwister studierten bereits oder befanden sich auf der Zielgeraden zum Abitur und in Erwartung eines Studienplatzes. Für Uwe entfiel daher die Option, ebenfalls eine höhere Bildung anzustreben, denn beide Eltern waren jüngst arbeitslos geworden. Ein weiteres Kind ebenso fortan viele Jahre finanziell zu unterstützen, konnten sie sich nicht leisten.

Uwe begann, Bewerbungen zu schreiben und zu verschicken. Mehr als einhundert solcher Schreiben versandte er im Großraum Leipzig. Jede einzelne wurde abgelehnt. Zum Teil gaben die Betriebe sogar Gründe in ihren Antworten an und diese doppelten sich vielfach:

»Wir wissen nicht, wie lange es das Kombinat noch geben wird. Daher bilden wir vorerst keine Lehrlinge mehr aus.«

»Wir befinden uns bereits in Abwicklung und können keine Lehrlingsausbildung mehr anbieten.«

Nun war guter Rat teuer.

Irgendwie gelang es Uwes Vater über einen direkt zum Mauerfall in den Westen übergesiedelten Bekannten eine Lehrstelle als Anlagenmechaniker in der Fachrichtung

Apparatetechnik in Oelde, einer katholischen Kleinstadt in Nordrhein-Westfalen zu besorgen.

Gerade sechzehnjährig sah sich Uwe plötzlich allein als angehender Blechschlosser und erster Ossi seiner Ausbildungsfirma einer völlig fremden Welt ausgesetzt. Noch hatte die Wiedervereinigung nicht stattgefunden. Er fühlte sich am Vorabend der geplanten Verschmelzung beider deutscher Staaten wie im Ausland und spricht noch heute von surrealen Erfahrungen. Die Lokalpresse stürzte sich auf Uwe als Quotenossi und vermarktete ihn zugunsten seines Ausbildungsbetriebes mit großem öffentlichem Interesse.

Glücklich war der junge Mann nicht. Er hatte das Empfinden, zu Hause herausgerissen worden zu sein, musste gar seine erste Freundin in Leipzig verlassen, um die Ausbildung zu beginnen. Ein regelmäßiges Nachhausefahren an den Wochenenden war finanziell nicht stemmbar.

Uwe wohnte in einem Zimmer im Eigenheim eines frisch geschiedenen Mitarbeiters des Betriebes. Dieser pflegte zwar einen freundlichen Umgang mit ihm, konnte aber das nagende Heimweh nicht auffangen.

Die Ausbildung im Betrieb beschreibt Uwe als strukturiert und gut. Dennoch beschlich ihn ein Gefühl der Ernüchterung, denn schon nach kurzer Zeit erkannte er, dass die Angestellten im Westen auch nur mit Wasser kochten und nicht besser oder schlechter waren als die Menschen zu Hause. Sie schimpften über die Ossis, die angeblich weniger Arbeitsmoral zeigten, während sie die

Pausenminuten über das Maß ausdehnten und auch sonst nicht superfleißig waren, kontrollierte gerade keiner der Vorgesetzten.

Bei den jüngeren Kollegen erfuhr Uwe im Laufe der Zeit überwiegend gute Akzeptanz. Für die älteren Mitarbeiter blieb er bis zuletzt nur der »Ossi«.

Irgendwann lernte er ein ortsansässiges Mädchen kennen, verliebte sich und besuchte sie nach einiger Zeit sogar zu Hause. Wie in einem schlechten Film nahm ihn der Vater der jungen Dame zur Seite und fragte ganz direkt, was er mit dessen Tochter vorhätte, gar, ob er überhaupt gedachte, in Oelde zu feste Wurzeln zu schlagen, oder zurück nach Hause gehen wollte. Denn, so der Vater seiner Freundin, er wollte gar nicht, dass Uwe blieb, und zudem sollte sich Uwe gewiss sein, dass die Tochter hingegen den Ort niemals verlassen würde, denn sie sollte einst den elterlichen Betrieb erben.

Uwe erfuhr auf vielfältige Weise, dass seine Kollegen kein wirkliches Interesse am Osten zeigten und alle ihn immer wieder mit hanebüchenen Vorurteilen konfrontierten. »Gab es in der DDR überhaupt Fernseher?«

»Ihr hattet doch das Klo alle aufm Hof!«

Niemand gab sich die Mühe, die eigenen Vorstellungen auf den Prüfstand zu heben oder gar eine Fahrt in den Osten zu wagen, um sich selbst ein Bild zu machen.

Uwe schloss seine Ausbildung ab und arbeitete weitere eineinhalb Jahre in Oelde.

Dann nutzte er den Beginn seines Zivildienstes und kehrte in die Leipziger Heimat zurück.

Also Hausmeister in einem Seniorenheim mit über achthundert Bewohnern sammelte Uwe wertvolle zwischenmenschliche und auch traurige, prägende Erfahrungen. Er musste sich erstmals mit dem Tod und der Endlichkeit auseinandersetzen, schämte sich stellvertretend für ein Sozialsystem, dass all denen, deren Rente nach einem langen Arbeitsleben mit Sozialhilfe aufgestockt werden musste, um den Heimplatz zu bezahlen, nur ein winziges Taschengeld im Monat zur eigenen Verfügung zugestand und gab von seinem kleinen Zivildiensteinkommen an die Bedürftigsten ab, obwohl dies von der Heimleitung scheel betrachtet wurde.

Nach Abschluss des Zivildienstes hatte Uwe zwar wieder in Leipzig Fuß gefasst und seine alten Kontakte erneut aufleben lassen, doch es stellte sich abermals die Frage nach der Beschäftigung in einer Zeit astronomischer Arbeitslosenquoten.

Er gründete kurzerhand mit seinem besten ehemaligen Schulfreund seine erste eigene Firma. Gemäß des Credos seines Vaters, der ihn immer wieder ermutigt hatte, zu machen, denn nur wer nichts macht, begeht auch keine Fehler, zerbrach sich Uwe nicht den Kopf darüber, was in der Zukunft kommen könnte, sondern lebte im Hier und Jetzt.

Sie bauten maßgefertigte Möbel aus Glas, Stahl und Edelstahl. Im Jahr darauf komplettierte ein Tischler das Gespann, der fortan das Angebot mit Holzarbeiten erweiterte. Gemeinsam statteten sie Loftwohnungen in Leipzig aus, die in den nunmehr leergefegten ehemaligen

Industrieanlagen der Sachsenmetropole entstanden. Irgendwann erweiterten sie ihre Offerten um individuellen Ladenbau und landeten einen Erfolg nach dem anderen. Die erste Kneipe, die sie umgestalteten und neue einrichteten, war das Weiße Rössl in der Karl-Liebknecht-Straße. Uwe lernte dort einige Gastronomen kennen und beschloss, selbst ein Restaurant zu eröffnen. Es fand sich ein passendes Lokal in der Gottschedstraße in Leipzig. Mit einhundertfünfzig Plätzen im Innenbereich und weiteren einhundertfünfzig Plätzen an der frischen Luft standen die Kunden nach einer eher schwierigen einjährigen Anlaufphase plötzlich Schlange vor Uwes Bar, die er »Das Koslik« taufte. Zehn Jahre war »Das Koslik« die In-Kneipe Leipzigs und machte Uwe mit fünfundzwanzig Jahren zum beispiellos erfolgreichen Geschäftsmann. Während der Fußball-Weltmeisterschaft im Jahre 2006 fanden einige Spiele auch im Leipziger Stadion statt und Uwes Restaurant war während dieser Tage des Weltstadtflairs bereits mittags regelmäßig ausverkauft.

Dann lief ihm das Fernsehen über den Weg, mietete seine Bar für ein Fotoshooting und über Nacht gründete Uwe ein zweites Standbein auf Mallorca. Er betrieb das Café Katzenberger auf der spanischen Insel und stand ein ganzes Jahr zusammen mit dem gleichnamigen Model als Auswanderer eines Realityshowformats vor der Kamera.

Uwe pendelte in der Folge mehrmals pro Woche morgens mit dem Flieger von Leipzig nach Mallorca und kam abends zurück. Lebte ein Jetsetleben, was irgendwann mehr als kräftezehrend war. Dann verkaufte er beide Läden und fand nach einer dringend notwendigen Verschnaufpause wieder zu sich selbst zurück.

Uwe bezeichnet sich selbst als Wendegewinner und weiß seinen Erfolg sowie das dafür notwendige Quäntchen Glück zu schätzen, denn eine eigene Firma in Spanien zu betreiben, wäre in der DDR lediglich ein utopischer Traum geblieben. Er hat gelernt, in der richtigen Zeit zu leben, und definiert diese für sich als die Gegenwart. Was gestern geschah, lässt sich nicht mehr ändern und was in einer nebulösen Zukunft liegt, ist für ihn nicht absehbar. Auf die Frage, ob er mutig sei, antwortet Uwe, dass es weniger Mut brauche, so zu leben, wie er es tut. Loslegen, Machen, Anpacken müsse man, denn was soll schon passieren, außer, dass es nicht klappt ...?

Gisberts Herz schlägt im 6-Zylinder-Takt.

Schon als Kind träumte er davon, bei Deutrans, dem internationalen Spediteur der DDR, als Lkw-Fahrer den per Straße erreichbaren Teil der großen, weiten Welt zu erobern. Im Volvo!

Nicht etwa in einem der wenig sexy erscheinenden IFA-Fahrzeuge, die auf den Straßen der Republik unterwegs waren. Gisberts Paradies rollte schon immer auf der Straße. Himmlisch träumen konnte Gisbert im Sommer 1989 jedoch nicht. Das Zeugnis der neunten Klasse, mit dem er sich um eine Berufsausbildung oder die Aufnahme an der Erweiterten Oberschule bewerben musste, drohte auf groteske Weise teuflisch zu werden. Sein Notenschnitt zeigte eine makellose Einserriege neben einer einzigen, schwergewichtigen Fünf. Dies bedeutete akute Versetzungsgefahr, denn eine Fünf, als tiefstmöglicher Notenwert im sozialistischen Schulwesen, beschied ein klares Durchgefallen im betreffenden Fach. Gisberts Wunschträume schienen am Fach Staatsbürgerkunde zu scheitern.

Daraus resultierend plante die Schule, den Fünfzehnjährigen direkt nach Abschluss der zehnten Klasse im darauffolgenden Jahr zur NVA zu schicken. Sechzehnjährig!

Für eine zielführende Umerziehungsmaßnahme zum staatstreuen sozialistischen Bürger durfte nach dem Fiasko der fehlenden Einsicht und Leistungsbereitschaft in Stabü[6] nicht weitere wertvolle Zeit verstreichen! Nach den Sommerferien und mit Beginn der zehnten Klasse begann sich die Welt schlagartig dynamisch zu ändern. Es reisten nicht nur Unmengen von DDR-Bürgern auf abenteuerlichen Wegen aus der DDR aus, um in Westdeutschland eine neue Perspektive zu finden, sondern ausgehend von Leipzig überzog sich das Land allwöchentlich montags mit friedlichen Lichtermeeren, die an die Kraft der Menschen appellierten, die eigene Zukunft mit Mut selbst zur Freiheit und damit zum Besseren zu wenden. Gisbert wurde im Zuge der sich kumulierenden Veränderungen nachträglich ein neues Zeugnis der neunten Klasse ausgestellt, auf der die wenig rühmliche Stabünote gestrichen war. Ebenso strich der Bildungsträger die Anordnung, den Jungen direkt im Anschluss an die Abschlussprüfungen zur Armee zu schicken. Er meldete sich dennoch kurz vor Ende der DDR in der GST, der Gesellschaft für Sport und Technik an, die eigentlich die Schule des Soldaten von morgen darstellte, um den Führerschein kostengünstig ablegen zu können. Da mit dem Schwinden des Landes auch das Fortbestehen der Spedition Deutrans fraglich schien und die Eltern zudem den alternativen Berufswunsch des Sohnes, Kfz-Mechaniker zu werden, nicht guthießen, entschied sich Gisbert, eine Berufsausbildung zum Baufacharbeiter mit Abitur zu beginnen.

Sechs Wochen lang bemühte sich der junge Mann redlich, Gefallen an der Ausbildung und den diese begleitenden, kaum motivierenden Umständen zu finden, bevor er entschied, das Abitur auf klassischem Wege abzulegen und ab November 1990 mit ein wenig Verspätung das Schuljahr an einem Gymnasium im thüringischen Holzland antrat.

Die Liebe zur motorisierten Fortbewegung blieb indes und während Gisbert mehr oder weniger brav die Schule besuchte, bastelte er in der Freizeit mit seinem besten Freund fahrbare Untersätze wahlweise zusammen oder auch auseinander. Die Werkstatt auf den Hof des Freundes nutzend, probierten sie aus, brannten dabei manchen Tages fast das Anwesen nieder, lackierten Motorräder um und tunten sie nach Lust und Laune. Gisbert, ein Hans Dampf in allen Gassen mit ordentlich Geschäftssinn und noch mehr Schalk im Nacken, tauschte technische Teile durch alle Bundesländer hindurch, bis er endlich hatte, was er wollte. Noch vor der Währungsunion handelte er am Bahnhof Gera 5 Westmark zu 200 DDR-Mark. Anschließend gab er in der Disko eine Saalrunde, ließ sich zum Dank von Hinz und Kunz einladen, sammelte die stehengelassenen Gläser ein, löste sie gegen das Gläserpfand ein und ging letztlich sturzbetrunken und mit mehr Geld in der Tasche nach Hause, als er für den Abend mitgebracht hatte.

Ohne Fahrerlaubnis, da noch keine achtzehn Jahre alt, aber mit gültigem GST-Führerschein, lieferte er sich auf Waldwegen im umgebauten Audi Quadro Rennen mit der Volkspolizei, die chancenlos die Spur verlor, da sie in ihren noch nicht auf Weststandard umgestellten Dienstfahrzeugen der Marken Lada oder Wartburg nur den Rücklichtern hinterherschauen konnte.

Nach Abschluss eines herausragenden Abiturs, dank fehlender Staatsbürgerkunde wieder mit Einserschnitt, begann Gisbert auf Wunsch des Vaters eine Maurerlehre, die er dank seines Abiturs nach zwei Jahren erfolgreich verkürzt beendete. Parallel ließ er sich zum Baumaschinisten ausbilden und arbeitete in den praktischen Ausbildungsphasen auf der Baustelle schnell in der Position eines Vorarbeiters statt der des Lehrlings. Im nahezu rechtsfreien Raum der frühen Nachwendezeit waren Konstellationen machbar, die heute undenkbar scheinen. Gisbert spricht von der Ausbildungszeit als harter Schule, in der er viel lernte, aber auch doppelt leisten musste, um dem Anspruch des eigenen Vaters, der für die Baustellenplanung Verantwortung trug, gerecht zu werden.

Nach Beendigung der Lehrzeit arbeitete Gisbert für ein halbes Jahr in Leipzig als Baumaschinist und Pflasterer, geriet auf eine Baustelle des Schneiderimperiums und drohte aus dieser Beschäftigung wie viele andere ohne Bezahlung herauszugehen. Auf abenteuerliche Art gelang es ihm, sich den ihm zustehenden Lohn letztlich doch persönlich beim Chef abzuholen.

Resümierend blickt Gisbert auf seine Jugend der frühen Nachwendezeit zurück und stellt fest, dass es über Nacht alle Möglichkeiten gab und diese sogar erreichbar wurden.

Gisbert hat seinen Traum vom motorisierten Leben auf der Straße verwirklicht. Mit Diesel im Blut schlägt sein

Herz seit vielen Jahren für sein eigenes, erfolgreiches Transportunternehmen. Heute ist er in Belgien und morgen in Italien oder schickt gerade seine Mitarbeiter quer durch Europa, während er am Schreibtisch die nächsten Touren plant.

SCHWARZE MAGIE

In Bayreuth roch es nach Mandarinen. Die Fahrt dorthin geriet zum Abenteuer durch die Nacht. Paul saß mit
seinem siebenjährigen Bruder auf der Rückbank des
Trabbis und staunte über die flutlichtgleißenden, boll-
werksgleichen Grenzanlagen auf der Autobahn 9 am
Grenzübergang Rudolphstein/Hirschberg. Das Visum für
den Tagesbesuch wurde den Eltern vom DDR-Grenz-
schutzbeamten direkt in die aus dem heruntergekur-
belten Autofenster gereichten Ausweise gestempelt und
dann ging es weiter zur Grenzanlage der BRD. Die Beam-
ten dort winkten die endlose Flut an knatternden Zwei-
taktern ohne Kontrollen durch und weiter ging die Tour
der kleinen Familie in Richtung der fränkischen Stadt
Hof. Die Öffnung der Grenzen, noch keine achtundvierzig
Stunden alt, war tatsächlich real und Pauls Eltern vermittelten den Kindern ein derart euphorisches Gefühl,
das solch großer Aufregung gleichkam, die sonst nur an
Weihnachten zu verspüren war.

Die Zufahrtsstraßen nach Hof waren bereits alle dicht.
Mitten in der frühmorgendlichen Novembernacht harr-
ten Tausende auf den Anbruch des Tages und ihren
ersten Besuch im Westen Deutschlands.

Pauls Eltern entschieden kurzerhand, sich nicht im
nach Hof führenden Stau einzureihen und stattdessen
der A9 weiter Richtung Süden zu folgen. Die Autotür öffnete sich schließlich in Bayreuth.

Paul erinnert sich aus der Übermacht an Eindrücken nur an einige wenige. Im Aldi roch es nach Mandarinen. Er bekam von den Eltern Balistokeksriegel in grüner Verpackung, einen Walkman und eine Kiwi gekauft. Diese Frucht hatte er einst bei einem Klassenkameraden gesehen, der sie als Besonderheit eines jüngst erhaltenen Westpakets in der Schule während der Frühstückspause aus der Brotdose zauberte und vor den Augen der staunenden Mitschüler verzehrte. Paul wollte unbedingt wissen, wie diese exotische Obstsorte schmeckte, die er zuvor noch nie gesehen hatte. Aber er hatte nicht gewagt, seinen Klassenkameraden zu fragen, ob er ein Stückchen kosten durfte.

Die Jahre vergingen nach dieser ersten Fahrt in die neue Welt auf unaufgeregte Weise. Paul zeichnete viel und begann sich für Musik zu interessieren. Da seine Eltern Kunst und Musik nicht als Teil ihres Lebens betrachteten, wandte sich das Kind seinem begeisterungsfähigen Onkel zu, der ihn ab und zu zum Stöbern in Plattenläden mitnahm, ihm Musik vorspielte und Wege in bis dato völlig unbekannte Welten eröffnete. Paul stieß zwölfjährig erstmals auf das schwarze Album von Metallica. Ein derart bahnbrechender Eindruck, der ihn beschließen ließ, selbst irgendwann Rockstar werden zu wollen. Als sein bester Freund mit seinen Eltern einen Polenmarkt besuchte, bat er um das Mitbringen einer billigen Gitarre und machte sich daran, nach der Schule bei seinem engagierten Musiklehrer erste Akkorde zu erlernen. Seine Eltern betrachteten dieses Tun argwöhnisch und fürchteten, Paul könnte auf die schiefe Bahn geraten. Obwohl ihnen jeglicher Zugang zur Musik fehlte, ließen sie ihn zumindest gewähren, aber unterstützen die feinsinnigen Talente des Sohnes nicht.

Pauls unbeschwerte Kindheit fand ein schroffes Ende, als er Mitte der Neunziger Jahre den Realschulabschluss ablegte. Es sollte das Finale einer Schullaufbahn sein, die einzig seine Eltern für Paul ausgewählt hatten und gleichsam stellte dies den Start in ein Berufsleben dar, das er ebenso wenig selbst bestimmen durfte. Der Stammbaum der Berufe sah für die Männer aus Pauls Familie gewöhnlicherweise das Handwerk vor. Alles, was der Berufsmarkt außerhalb des Handwerks oder uniformtragender Professionen offerierte, konnte der Bewertung der Eltern nicht standhalten, denn es entsprach in ihren Augen nicht sogenannter ordentlicher Arbeit. Dementsprechend wurde über Beziehungen des Vaters ein Ausbildungsplatz als Zimmermann für den nunmehr Sechzehnjährigen besorgt, der nicht gefragt wurde, welche Vorstellungen er gern verwirklichen wollte. Die Familie zeigte sich zufrieden und erleichtert, dass der Sohn im wahrsten Sinne des Wortes untergebracht war, und niemand kam auf die Idee, dass trotz utopischer Jugendarbeitslosigkeit die Begeisterung Pauls nicht gerade überkochte, als er im Fränkischen die zugeteilte Lehrstelle antrat.

Am ersten Tag auf der Baustelle fragte sich Paul erschrocken, was er dort eigentlich solle. Er hielt die Ausbildungszeit durch, weil die Angst vor Arbeitslosigkeit zu übermächtig schien. Dennoch erkannte er an diesem ersten bewussten Punkt der Selbstreflexion sehr deutlich, dass das Handwerk nicht sein Leben werden würde. Weder in den Kollegen, die zu viel tranken und zu wenig Inspirierendes zu erzählen wussten, noch in den staubigen Arbeitsschritten sah er Verlockungen, der Zimmerei treu zu bleiben. Stattdessen fragte sich Paul, was er wirklich wollte, und konnte diese Frage zumindest damit beantworten, dass es mehr Lernen sein solle und nie wieder die Baustelle.

Anstatt das Abitur anzustreben, legte er einen absoluten beruflichen Hakenschlag zum Graphikdesign hin und begann eine neue Ausbildung im vogtländischen Plauen, mit der er sprichwörtlich sein Hobby zum Beruf wandelte. Parallel dazu tauchte Paul tiefer in die von ihm geliebte Welt der Kunst und Musik ein. Las, nachdem die Schule mit ihrer Pflichtlektüre passé war, aus eigenem Antrieb nicht nur populäre Literatur, sondern gleichsam große Namen wie Schiller oder Hermann Hesse und stellte fest, dass ihn etwas mit vielen literarisch schöpfenden Helden der Vergangenheit einte. Sie alle mussten sich ihr Leben als Künstler hart erkämpfen. Jeder dieser Wege begann mit einer Flucht aus dem engen Rahmen des Elternhauses oder gar vor dem Landesfürsten und keiner von ihnen wandelte einfach nur leicht entlang bequemer Pfade, die schon in Kindertagen eröffnet wurden. Paul spürte erleichtert, dass er nicht allein war und es schon viele mit ähnlichem Empfinden und vergleichbaren Erlebnissen gegeben hatte und immer wieder geben wird.

Heute lebt Paul in beiden Welten. Er ist glücklich in seinem Beruf als einer der kreativen Köpfe eines Graphikdesignteams und an den Wochenenden zieht er als Liedermacher übers Land. Er schreibt eigene Songs, interpretiert die Großen und Kleineren seiner musikalischen Welt und spielt vor begeistertem Publikum.

Paul hat sich aus dem kleinen Kosmos herausgekämpft und sich ein eigenes Universum erschlossen, das die Endlichkeit aus Kindertagen gegen die Unendlichkeit der Möglichkeiten getauscht hat. ... und es sollte noch bis zum Jahr 2006 dauern, ehe sein Vater erstmals ein Konzert des Sohnes besuchte.

MIT FREUNDLICHEN GRÜSSEN

Im Frühling des Jahres 1989 stellten Jans Eltern einen Reiseantrag, um die Westverwandtschaft in Köln und Frankfurt am Main besuchen zu dürfen. Da die Mutter des Dreizehnjährigen nicht nur im Gemeinderat aktiv war, sondern auch Mitglied der SED, nahm die Familie an, dass der Bewilligung nichts im Wege stehen sollte.

Die Reise wurde überraschend verwehrt.

Jans Mutter nahm dies zum Anlass, die Parteimitgliedschaft niederzulegen und erhielt paradoxerweise gleichzeitig doch noch eine Genehmigung, den westlichen Teil der Familie besuchen zu dürfen. Im Juni 1989 fuhren Jans Eltern für zwei Wochen in die BRD.

Wenige Tage später reisten viele auf abenteuerlichen Wegen nach Westdeutschland aus und kehrten nie zurück.

Jans Eltern schätzten sich glücklich, dass sie es geschafft hatten, den Urlaub im Westen zu verbringen, denn überall mehrten sich die Bedenken, dass im Zuge des sich abzeichnenden Umbruchs die politische Oberhand durch die Russen übernommen werden könnte und damit die Chance auf ein solches Unterfangen möglicherweise für lange Zeit nicht mehr bestünde. Als Jan nach den Sommerferien in die Schule zurückkehrte, fehlten einige seiner Lehrer. Sie gehörten zu den Heerscharen an DDR-Bürgern, die die Heimat über Ungarn verlassen hatten. Das Thema der grünen Grenze war fortan omnipräsent auf den Schulfluren und Jan stellte fest, dass die

Schüler selbst gar nicht mehr so richtig im Fokus der Lehrerschaft standen. Alle Erwachsenen hatten reichlich mit sich selbst und dem Schritthalten mit den tagtäglichen Entwicklungen zu tun. Unter den Schülern machte sich ohne fühlbare pädagogische Aufsicht bald ein frohlockendes Gefühl der Narrenfreiheit breit.

Am Tag des Mauerfalls saß Jan mit seiner Mutter vor dem Fernseher, während Günther Schabowski dank seines berühmten Versprechers die Grenzen als geöffnet erklärte. Jans ältere Schwester und auch der Vater weilten nicht zu Hause. Jans Mutter wies den Jungen aufgeregt an, sich augenblicklich aufs Moped zu setzen und die Schwester nach Hause zu holen. Für Jan ist diese Erinnerung bezeichnend. Bis dato hatte er das Mopedfahren nur im elterlichen Garten geübt und ohne Führerschein und viel zu jung an Jahren nie daran gedacht, schon auf öffentlichen Straßen unterwegs zu sein. Die freudvolle Hysterie der Mutter ließ ihn die Aufforderung jedoch nicht in Frage stellen und erstmals fuhr Jan an diesem Donnerstag im November durchs Dorf.

Wirklich verstanden hatte er die Tragweite des Wirbels um den Mauerfall nicht, aber Jan freute sich, dass alle um ihn herum von einer unbeschreiblich mitreißenden Euphorie ergriffen wurden. Viele im Dorf packten sofort einige Habseligkeiten zusammen und fuhren los, den Verwandten und Bekannten in der Bundesrepublik einen ersten überraschenden Besuch abzustatten.

Jans Vater beobachtete dieses Treiben etwas argwöhnisch, griff zum Telefonhörer und bekundete der eigenen, verblüfften Verwandtschaft: »Wir kommen nicht.«

Auf die Frage, warum sie nicht aufbrechen wollten, meinte er, die Familie würde erstmal abwarten wollen. Der halbe Osten stand über Nacht gefühlt vor des Westens Tür und zog sprichwörtlich ein. Nicht immer und überall war dies für die Besuchten eine frohe Erfahrung, wenn es keine Vorbereitung auf die Kommenden gab und Wohnverhältnisse sich als zu knapp für die Unterbringung ganzer Familien zeigten.

Natürlich gab es bald darauf einen vorbereiteten und damit überaus willkommenen Antrittsbesuch der ganzen Familie in Frankfurt am Main. Es sollte eine sehr angenehme, herzliche Erfahrung werden und Jan erinnert sich dankbar besonderer Sensibilität und Großzügigkeit.

Zurück in der Schule stellten Jan und seine Freunde fest, dass der Lkw-Verkehr auf der A4, die die Kinder tagtäglich vom Schulfenster in Jena-Lobeda beobachteten, rasant zugenommen hatte.

Kurzerhand schmiedete ein Teil der Klasse einen kühnen Plan. Auf alte Besenstiele spannten sie Bettlaken, die sie mit Wasserfarben beschrifteten. Anschließend kletterten die Kinder die Böschung neben der Leitplanke empor und hissten ihre Banner den Brummifahrern entgegen: »JENA GRÜSST DEN REST DER WELT« Unzählige Lastwagenfahrer ließen ihre Fenster herunter und warfen den jubelnd Grüßenden Süßigkeiten ins Seitenstreifengrün.

Ein zwar gefährliches, aber auch sehr einträgliches Unterfangen. Sie schleppten Unmengen an Beute von der Autobahn und kümmerten sich nicht um das Risiko, so nah am schnell dahinströmenden Verkehr zu spielen.

Eines Tages allerdings tippte die Direktorin von hinten auf die Schulter und bereitete dem Treiben ein jähes Ende. Jan erinnert sich, dass ihr Streich einen riesigen Aufruhr und harte disziplinarische Maßnahmen nach sich zogen. Die Retrospektive an diese Tage der zügellosen Freiheit zaubern Jan hingegen noch heute ein Lächeln ins Gesicht. Im Chaos des Umbruchs wussten selbst die Erwachsenen nicht, wohin der Weg führen würde. Die alten Regeln galten nicht mehr und neue hatten sich noch nicht gefunden. Jan und seine Freunde fühlten sich über Nacht für eine kurze Weile von der Leine gelassen und kosteten diesen Anflug wahrer Freiheit voller Lust am Leben aus.

LES VOYAGES EXTRAORDINAIRES

Nach der Schule kleine Sprengversuche mit Schwarzpulver aus Blindgängern auf dem ehemaligen Übungsplatz der Russen oder die Schatzsuche auf dem Schrottplatz, um sich irgendwann aus den zahlreichen Fundstücken ein selbstgebautes, funktionstüchtiges Fahrrad zusammenzuschrauben. Sascha spielte, wie viele andere ostdeutsche Kinder, viel draußen. Die Mutter, die ihn alleine erzog, arbeitete auch nachmittags und eine Kindheit in der DDR war geprägt vom Abenteuer an der frischen Luft, bis täglich die Zeit des Abendbrotes am heimischen Küchentisch heranrückte. Sascha zeigt sich froh, derart gestaltete Kindertage verlebt zu haben. Es gab nicht so viel Spielzeug, aber dies störte ihn nicht. Er wusste schließlich auch nicht, was er hätte vermissen können. Heute ist er regelrecht glücklich darüber, denn seine Kinderzeit stand im Zeichen des sprichwörtlichen Lebens im Augenblick und dem Entwickeln einer grenzenlosen Phantasie. Die kindliche Welt der späten achtziger Jahre in der Deutschen Demokratischen Republik war bestimmt von ruhiger Beständigkeit und dem Wissen, dass man sich selbst kümmern musste, wollte man etwas bestimmtes tun. Selbst das Verabreden mit Freunden funktionierte noch vollkommen analog. Wollte sich Sascha mit jemandem treffen, hieß dies nicht etwa, dort anzurufen, um einen Spieltermin zu vereinbaren. Nein, Sascha musste zum Haus des Freundes laufen, an der Wohnungstür klingeln und dann hatte dieser entweder Zeit, spontan mit herauszukommen oder eben auch nicht.

Die engen Grenzen der internationalen Beweglichkeit der DDR-Bürger bemerkte Sascha noch nicht. Er fuhr schließlich in den Urlaub und verbrachte diesen abwechselnd an der Ostsee, in der Slowakei oder auch in Bulgarien. Woraus sollte sich aus dieser Fülle ein Mangel für ein Kind ergeben? Saschas Vater arbeitete im Kabelwerk und hatte dadurch ein Anrecht auf Ferien im Betriebsbungalow an der Talsperre Pöhl. Das Paradies lag im Großen und Kleinen vor der eigenen Haustür.

Irgendwann begannen die Rufe nach Freiheit und Veränderung auch entlang der Plauener Straßenzüge zu hallen. Vom Fenster der Wohnung des Stiefvaters im Stadtkern beobachtete Sascha die zahlenmäßig immer weiter anschwellenden Montagsdemos. Obwohl der Zwölfjährige selbst kein Defizit empfand, verstand er die Sorgen und Nöte der Demonstrierenden doch und merkte deutlich, dass die Unzufriedenheit der Erwachsenen zunehmend stieg.

Im November fuhr Sascha erstmals über die innerdeutsche Grenze ins nahegelegene fränkische Hof. Er erinnert sich vor allem an die überwältigende Macht der Düfte. Alles roch anders. Früher hatte er manchmal die Oma zu kleinen Einkäufen im Intershop begleitet. Dieser besondere Laden mit Westprodukten war eine ganz andere Welt, nicht nur bezüglich des Warenangebots, sondern auch oder vielmehr ganz besonders wegen des omnipräsenten Odeurs fein parfümierter Seife, den er plötzlich

an jeder Ecke, in jedem der schier unvorstellbar vollbe-
stückten Geschäfte in ähnlichen Nuancen wiederfand.
Und es duftete nicht nur anders im nordbayerischen Hof.
Auch optisch ließ sich die Innenstadt nicht mit der vogtländischen Heimat vergleichen. Die Leute sprachen völlig
verschieden zum heimischen Dialekt. Sie waren auffällig
facettenreich gekleidet und das architektonische Gesicht
der Stadt zeigte ebenfalls keine Gemeinsamkeiten.

Zurück im Alltag stellte sich für Sascha einige Monate
später die Frage nach dem Weiterhin bezüglich seiner
schulischen Laufbahn. Der Junge hatte ab dem dritten
Schuljahr eine Sprachsonderklasse besucht und dort bereits zwei Jahre früher als alle anderen mit dem Erlernen
der russischen Sprache begonnen. Leider wandelte sich
diese Schule nicht zu einer weiterführenden. Sascha entschloss sich daher, auf eines der neu entstandenen
Gymnasien zu wechseln, und zeigte sich froh, dass einige
seiner Freunde diesen Weg mit ihm zusammen beschritten.

Während der Sommerferien begleitete Sascha mehrere
Jahre seinen Stiefvater, der als Kunsterzieher und
Deutschlehrer im vogtländischen Oberland Spezialisten-
ferienlager für kreative Kinder organisierte und durch-
führte. Hier konnte er sich seit seinem neunten Lebensjahr in verschiedensten Handwerks- und Kunsttechniken
ausprobieren. Schnitzen, Töpfern, Malen, graphisches
Arbeiten und vieles mehr beflügelte nicht nur die Finger-
fertigkeit des Jungen, sondern ebenso die Vorstellungs-
kraft und den Antrieb, selbst etwas zu erschaffen und

auszuprobieren. Mit vierzehn Jahren leitete Sascha seinen ersten eigenen Schnitzzirkel. Höhepunkt eines jeden dieser besonderen Ferienlager, die zu DDR-Zeiten initiiert und auch nach der Wende weitergeführt wurden, war nach tagelanger konzentrierter Arbeit die für die abholenden Eltern aufgebaute Ausstellung aller Kurse und Werkstücke in der Turnhalle der Schule, die als Unterkunft diente.

Die ersten Nachwendejahre gingen ins Land und allmählich zogen auch Veränderungen in das Leben des nunmehr Sechzehnjährigen ein. Die Reiselust der Menschen im Osten Deutschlands stieg und dieser Funke sprang vollumfänglich auf Sascha über.

Mit Beginn der Sommerferien traf er sich mit drei Freunden an der Sauinsel, einem Platz an einer der größten Kreuzungen der Stadt, und gemeinsam radelten sie ihrem ersten Abenteuer entgegen. Über Bozen fuhren die vier auf dem Mountainbike nach Venedig. Jeder hatte einen vierzig Kilogramm schweren Rucksack mit dem Nötigsten dabei. Unterwegs campten Sascha und seine Freunde irgendwo im Nirgendwo oder schliefen in Scheunen am Rande der Wanderwege, die sie als Wegstrecke erwählten. Irgendwann wurden die Berge höher und die Wanderwege wandelten sich in Schotterpisten. Die vier Jungen gaben nicht auf, mühten sich weiter voran und trugen letztlich das Bike und den Rucksack gleichermaßen über die Berge. Sie überwanden die österreichisch-italienische Grenze an der Hundskehle nahe dem Zillertal und erreichten wenig später tatsächlich die Lagunenstadt. Rückwärts ging es per Bahn. Im Gepäck nicht nur sehr schmutzige Wäsche, sondern vielmehr gewichtslose Freiheit, unbezahlbare Erinnerungen und der ungezügelte Hunger nach weiteren beflügelnden Wagnissen dieser Art. Im Jahr darauf, mit siebzehn Jahren, fuhren die vier per Interrail durch halb Europa. Stationen dieser Tour führten sie nach Frankreich, Italien und Griechenland. Dort setzten sie mit der Fähre nach Korfu über und eroberten anschließend zurück in Frankreich von Calais über Dover die Britischen Inseln von Cornwall bis in die schottischen Highlands.

Achtzehnjährig, den Führerschein frisch in der Tasche und an Bord eines klapprigen alten Ford Escorts, lockte das nächste Abenteuer Sascha und seine Freunde auf die iberische Halbinsel. Quer durch Frankreich, Spanien und Portugal luden sie unzählige Eindrücke ein und schnupperten sich durch die Landschaften des Südens. Die jungen Männer schliefen im Auto, sahen aus wie Wegelagerer und stahlen sich morgens dennoch immer wieder erfolgreich durch Hintereingänge in Hotels, um den Hunger am Frühstücksbuffet der Touristen zu stillen. Nahezu ohne Geld verbrachten sie lebenshungrig und mutig die besten Sommerferien, die man sich vorstellen kann. Ein Reichtum an Erlebnissen, der für alle unvergessen wurde.

Nach dem Abitur ließ sich Sascha vorzeitig mustern, um sofort den Zivildienst antreten zu können, denn noch hatte er keine konkreten Vorstellungen, wohin die berufliche Reise für ihn gehen sollte. Erst fuhr er Mittagessen bei den Johannitern aus und wurde anschließend Hausmeister in einem Kindergarten. Im Keller des Hauses reparierte er nicht nur Möbelstücke und Spielzeug für die Kleinen, sondern begann eigene Spielgeräte für die Kinder herzustellen. Der Zivildienst endete im November und Sascha wusste noch immer nicht, wie es weitergehen sollte. Seine Mutter erzählte ihm von einem kürzlich gelesenen Zeitungsartikel, in dem von einem älteren Ehepaar berichtet wurde, dass einen Praktikanten für ihre Farm zwischen Bergen und Trondheim suchte. Sascha überlegte nicht lange, bewarb sich und wurde genommen. Norwegen also – für ein ganzes Jahr hieß es nun, Schafe zu umsorgen, Boote zu warten und bauen und immer wieder sogar Touristen vor Walen zu retten. Die Reise dorthin war schlichtweg außergewöhnlich. Nach zweiundfünfzig Stunden im Zug stieg er in Lillehammer in den jedes einzelne Haus der Gegend abklappernden Postbus um und tuckerte weitere sechs Stunden sprichwörtlich durchs Nimmerland, um dann irgendwann im bitterkalten Stockdunklen noch auf eine Fähre zu wechseln, die ihn letztlich ans Ziel, eine kleine norwegische Insel, brachte. Leichte Zweifel, ob dies die richtige Entscheidung gewesen war, stellten sich zwar ein, doch die Inhaber der Farm waren freundliche Leute und Sascha lernte nicht nur viel über Bootsbau und Farmarbeit, sondern auch Norwegisch, so dass die Zeit verflog und er schnell wieder der Frage gegenüberstand, was als Nächste kommen sollte.

Kurz erwog Sascha, vielleicht in Trondheim zu studieren, doch der nur kurze, zweimonatige Sommer und das fehlende Licht in der langen, kalten und dunklen Zeit dazwischen schlugen ihm zunehmend aufs Gemüt. Er musste zurück in die Sonne, um sich wohler zu fühlen. Sascha besann sich seiner kreativen Wurzeln und schrieb Bewerbungen. Im Frühling kam er zu Vorstellungsgesprächen nach Deutschland und begann nach dem Sommer eine Ausbildung als Werbetechniker, welche er trotz harter Arbeit und hohem Leistungsdruck als bester Werbetechniker Sachsens abschloss. Die Aufgaben bereiteten ihm Freude, doch Sascha sah sich noch nicht am Ziel.

Seinen mittlerweile manifestierten Wunsch, Bildhauerei zu studieren, verwarf er, denn er erblickte wenig Möglichkeiten, damit jemals seinen Lebensunterhalt finanzieren zu können. Stattdessen entdeckte er einen weiteren interessanten Studiengang für sich. Sascha bewarb sich an der Hochschule der Burg Giebichenstein und setzte alles auf eine Karte – würde man ihn dort nicht aufnehmen, hätte er seinen Beruf als Werbetechniker fortgeführt. Denn nirgendwo sonst als genau an dieser Hochschule wollte er studieren. Es klappte und Sascha nahm ein Studium des Industriedesigns auf. In den Semesterferien arbeitete weiter als Werbetechniker in seiner Ausbildungsfirma, der er sich auch heute noch eng verbunden fühlt.

Nach Studienabschluss und einem weiteren Jahr als Dozent an der Hochschule zog Sascha ins Bayerische, um als Designer in der Automobilindustrie tätig zu werden. Der Beruf ist sein Broterwerb, lässt aber wenig Freiraum für die grenzenlose Fantasie und die vielfältigen Interessen des Freigeistes. Angekommen ist er nie wirklich in der Welt der Autostadt und die Mentalität der Leute macht es ihm noch immer schwer, ein neues Heimatgefühl zu entwickeln. In Gedanken reiste er nach Feierabend weiter, kam irgendwann mit dem Kosmos des Steampunks in Berührung und fuhr auf erste Festivals. Dort packte ihn das Virus des Fantastischen. Sascha begann eigene Outfits zu bauen. Uhren, Lampen, Apparate, Autos folgten. Sein Tun-Schaffen-Machen ist sein Seelenbalsam. Er sucht die Abwechslung und findet sie als gefragter Fotograf und erfolgreicher Steampunkobjektkünstler. Saschas Ideen sind vielfältiger, herausfordernder Natur. Sie umzusetzen und zum Leben zu erwecken, ist Teil seiner außergewöhnlichen Lebensreise, die ihn auch zukünftig zwanzigtausend Meilen weit in alle Sphären und über diese hinausführen wird. Er wird noch viele ferne Galaxien erobern, manche sicherlich sogar in weniger als achtzig Tagen und weiterhin geistreich ausprobieren, spielerisch ausloten und schöpferisch Grenzen überschreiten.

TRAUERJAHR

Sallys letztes Schuljahr verlief im Sande.

Nach den Prüfungen zur Mittleren Reife fand nichts statt, was diesen ersten Höhepunkt des Selbsterreichten in ihrem jungen Leben hätte schmücken und mit Wertschätzung versehen sollen.

Die Lehrer hatten nach diesem ersten Durchlauf eines Abschlussjahrganges nach westdeutschen Regeln vielerlei im Kopf, daher fehlte der Antrieb, mit den Schülern der zehnten Klasse eine Abschlussfahrt zu unternehmen. Auch gab es kein würdevolles Überreichen der Zeugnisse im Rahmen einer Feier. Die Schülerinnen und Schüler, die im anhaltinischen Roßlau die Schule mit dem Realschulabschluss beendeten, wurden grußlos ins Leben entlassen.

Sally fehlte von diesem nun folgenden Leben jegliche Vorstellung. Da einer ihrer Klassenkameraden eine Ausbildung zum Buchdrucker in einer Druckerei in Dessau begann, entschied sich Sally aus Mangel an alternativen Ideen, genau den gleichen Weg einzuschlagen.

Die Lehre entpuppte sich als Notnagel und Sally wusste früh, dass der Buchdruck nicht ihre Zukunft werden sollte. Nach nur einem Jahr verschwand ihr Ausbildungsbetrieb vom Markt und das junge Mädchen musste sich erneut für eine berufliche Richtung entscheiden. Das zu Rate gezogene Arbeitsamt schlug ihr vor, Altenpflegerin zu werden. Sally nahm an und fand in der Folge nicht nur einen Beruf, sondern auch ihre Berufung.

Umsonst war der einjährige Umweg ins Buchdrucker-gewerbe allerdings keinesfalls. Während dieser zwölf Monate lernte Sally alle praktischen Anteile des ersten Ausbildungsjahres in der Druckerei in Dessau, fuhr aber für den im monatlichen Wechsel stattfindenden Berufs-schulunterricht nach Leipzig und wohnte dort im Lehr-lingsinternat.

Ohne das behütete Umfeld des Elternhauses im heimatlichen Sachsen-Anhalt kostete sie erstmals selbst-bestimmt und überaus neugierig vom sich kulturell und gesellschaftlich überschäumend entwickelnden Leben im Leipzig der frühen neunziger Jahre. Sally sog vor allem die Subkultur der sich rasant entwickelnden schwarzen Szene fasziniert auf wie Atemluft und wurde durch zahlreiche Veranstaltungen in der Moritzbastei und überall sonst in der Stadt nachhaltig in ihrer Persön-lichkeit geprägt. Sie besuchte Konzerte von Die Art und Illuminate, wurde Grufti und spricht noch heute begeis-tert von der herausragendsten Zeit ihres bisherigen Da-seins. Als Sally nach ihrer ins Tiefschwarze tendierenden Metamorphose im Lehrlingsinternat erstmals nach Hau-se zurückkam, fragten besorgte Nachbarn, ob jemand ge-storben sei, da man das Mädchen nur noch dunkle Klei-dung tragen sähe. Lachend genoss sie die Lust am Alter-nativen und des sich selbst Entdeckens und trägt die Kunde von der Leipziger Nachwendezeit bis ins Heute.

Max sah ich zuletzt in der sechsten Klasse. Das war 1990. Seitdem sind mehr als dreißig Jahre vergangen und in dieser langen Zeit hat sich die Welt von Kopf bis Fuß verändert. Irgendein Algorithmus der sozialen Netzwerke erkannte eines Tages in dieser neuen Welt, dass es zwischen Max und mir eine Verbindung geben könnte und schlug uns einander als virtuelle Freunde vor. Diese technische Überraschung ist einerseits irgendwie erschreckend und auch nicht ganz verständlich, doch in diesem Fall andererseits auch erfreulich.

Nun sitzen wir uns im Videocall gegenüber, um Revue passieren zu lassen, was sich seit der sechsten Klasse an der POS Johann Wolfgang von Goethe in der ostthüringischen Kreisstadt und dem heutigen Samstag ereignet hat und stellen zunächst verwundert fest, dass man einander tatsächlich wiedererkannt hätte, wäre man sich irgendwo auf der Straße begegnet.

Max Vater war viele Jahre lang der Objektleiter des Hotels am Markt in der Heimatstadt. Neudeutsch und wesentlich attraktiver würde man seine Funktion heute als Hoteldirektor bezeichnen. Schon kurz nach dem Mauerfall stellten die ehemaligen Eigentümer des Hotelgebäudes einen Rückforderungsantrag und die Zukunft des Hauses war damit für die dort Beschäftigten besiegelt. Die HO als Träger des Hotels kündigte den Mitarbeitern nach und nach.

Max Mutter arbeitete im Kreiskrankenhaus als Krankenschwester. Das Personal sollte auch hier stark redu-
ziert werden und Arbeitslosigkeit drohte.

Dann verstarb in diesen Tagen der Auflösung des ehemals etablierten Lebens Max Oma, für die die Eltern bisher sorgten. Jegliche Art von Verpflichtung an eine Heimat, die kein überblickbares Weiterhin bieten würde,
war damit aufgehoben und Max Eltern entschieden, dem
Ruf der Verwandtschaft aus dem Schwäbischen zu folgen
und den Lebensmittelpunkt einen Neuanfang suchend in
die Nähe Tübingens zu verlegen.

Da der westliche Familienteil gerade im Hausbau be-
griffen war und eine Einliegerwohnung als erste Wohn-
statt in Westdeutschland anbot, stand dem Abenteuer
West nichts entgegen.

Max verspürte keinen Abschiedsschmerz, als er der
Heimat den Rücken kehrte. Vielmehr lockte das gelobte
Land, das, den Erzählungen der Eltern folgend und durch
einige wenige eigene bereits erfolgte Westbesuche, nur
Aufregendes und Vielversprechendes vermuten ließ.

Die Mutter fand schnell wieder eine Anstellung als
Krankenschwester und setzte somit ihren beruflichen
Weg nur mit örtlicher Veränderung nahezu nahtlos fort.

Für den Vater galt es, einige größere Hürden zu über-
winden. Eine Weile musste er pendeln, denn er wollte
nicht auf die mit der Kündigung verbundene, in Aussicht
stehende Abfindung verzichten. Nachdem der Job als Hoteldirektor nicht mehr ausführbar war, fand er sich
selbst sogar in einer Großküche der HO Kartoffeln im

Akkord schälend wieder, nur um den Vertrag nicht zu gefährden. Am Wochenende kam er dann ins neue Zuhause. Später, nach erfolgreicher Abwicklung der Kündigung, verdingte er sich als Lkw-Fahrer und haderte des Öfteren mit der ungewohnten Arbeit ohne eigene Gestaltungsmöglichkeit im neuen gesellschaftlichen Gefüge. Max, der Sechstklässler, stand währenddessen zusammen mit seinen Eltern vor der Wahl, in welcher Schulform eines völlig unbekannten Systems er seine schulische Ausbildung fortsetzen sollte.

Er kam von der Polytechnischen Oberschule, einer Schulart, von der im Schwäbischen noch niemand gehört hatte. Würde der Leistungsstand, den er mitbrachte, eher zur Hauptschule passen? War er vielleicht gleichbedeutend der Realschule oder sogar dem des Gymnasiums? Guter Rat schien teuer, denn diese Fragen konnte keiner wirklich zufriedenstellend beantworten.

Letztlich befanden die Eltern den Schultypus der Werkrealschule, eine Art bessere Hauptschule, die durch Zusatzkurse im gleichen Haus auch zum Realschulabschluss führte, als passend und schulten Max an eben dieser ein.

Max stellte während der Eingliederung in seiner neuen Klasse gleich mehreres fest. Auf der einen Seite war er in den Naturwissenschaften dem Lernniveau der Klassenkameraden um etwa zwei Jahre voraus. Auf der anderen Seite bremste ihn das Fach Englisch massiv aus. Hatte er, wie im Osten Deutschlands landauf, landab üblich, seine erste Fremdsprache Russisch in der fünften Klasse begonnen, nutzte ihm diese inzwischen nichts mehr, da Russisch im Westen Deutschlands nicht unterrichtet wurde. Englisch wurde in der ehemaligen DDR dagegen frühestens fakultativ ab dem siebten Schuljahr angeboten. Max stieg also im späten zweiten Lernjahr in den Englischunterricht seiner Klasse ein und war zunächst schlicht überfordert. Glücklicherweise erkannte seine Klassenlehrerin das Potential des Jungen und bot ihm nach Dienstschluss regelmäßig Unterstützung und Nachhilfe an, so dass er die Lücken schließen konnte.

Abgesehen vom Englischen zieht Max heute Resümee, dass das Bestehen der Schule nicht sonderlich herausfordernd gewesen sei. Anspruchsvoll zeigte sich dagegen das Einleben des Jungen in einen anderen Tatbestand. Entstammte er schließlich einer Schule, die nicht ein einziges Kind mit Migrationshintergrund unterrichtete, einfach aufgrund der Tatsache, dass es keine Migranten mit schulpflichtigen Kindern in der ehemaligen Heimatstadt gab, fand sich Max plötzlich als Mitschüler eines Klassenverbandes mit mindestens fünfzigprozentigem Ausländeranteil wieder. Dies war ein ganz und gar ungewohnter Umstand. Zudem galt er selbst auch nicht als »normaler« Deutscher, schließlich kam er von »drüben« aus dem Osten und war damit irgendetwas zwischen Deutschem und Ausländer. Die Italiener und Türken seiner Klassen machten schnell klar, dass sie die älteren Rechte hatten. Max, der schon in den ersten Schuljahren Konflikten nicht aus dem Weg ging, sondern diese manchmal eher befeuerte, war mit dem Schulwechsel über Nacht nicht mehr in der Position des selbstbewussten Rädelsführers, sondern musste sich seinen Stand neu und sogar von Grund auf erkämpfen. In der Retrospektive schildert er, dass dies eine stressgeladene, nicht wirklich entspannte Zeit gewesen ist. Erschwerend im Ringen um ein gewisses Standing inmitten der multikulturellen Kinderschar zeigte sich der Umstand, dass die Lehrerin sich durch die zusätzliche Nachhilfe im Fach Englisch auch noch besonders um ihn bemühte. Dies steigerte Max Attraktivität vor allem gegenüber seinen nichtdeutschen Klassenkameraden nicht unbedingt in positiver Weise.

Er schaffte es dennoch, Freunde zumindest unter den deutschen Mitschülern zu gewinnen und absolvierte nach einigen Jahren auch seinen Realschulabschluss erfolgreich. Noch heute zeigt sich Max jedoch erschrocken, wie wenig die Menschen im Schwäbischen vom Osten wussten. Als sei die DDR gänzlich unbekanntes Terrain gewesen. Selbst innerhalb der Familie herrschten ein häufiges Unverständnis und große Unkenntnis über das Leben im Osten Deutschlands und dies machte das Eingewöhnen in Westdeutschland nicht immer leicht. Vielfach nahm man an, die Ossis müssten sich mit dem Einfachsten zufriedengeben und dürften kein eigenes Selbstbewusstsein an den Tag legen.

Das gelobte Land barg Stolpersteine, die sich zuvor nicht erahnen ließen. Max hat die Chancen, die ihm seine Eltern durch den Umzug ins Ungewisse eröffneten, dennoch genutzt und sich im Leben behauptet. Nach einer

Ausbildung zum Groß- und Außenhandelskaufmann erklomm er rasch die Karriereleiter in einem großen deutschen Einzelhandelsverbund, bildete sich im IT-Wesen weiter und wagte noch in jungen Jahren den Sprung in die eigene erfolgreiche Selbstständigkeit. Trotz seines Ursprungs in der ehemaligen DDR ist die frühe Kindheit im Osten für Max heute nur noch ein kleiner Teil der Erinnerung, denn mittlerweile lebt er deutlich länger im Westen als jemals im Osten. Selbst sprachlich hat er die Wurzeln längst abgelegt und seine Worte mit süddeutscher Färbung versehen.

TAUSCHGESCHÄFTE

Unternehmergeist und Privateigentum genossen keinen hohen Stellenwert im Gefüge der Planwirtschaft. Nach und nach war der sozialistische Staat bemüht, inhabergeführte Betriebe zu enteignen und zwangszuverstaatlichen. Wolfgangs Eltern besaßen ein Café mit Bäckerei und wehrten sich nach Kräften, dieses dem Staatsapparat zu überlassen. Einige Monate hielten sie den Forderungen nach Geschäftsaufgabe stand und knickten letztlich aus Mangel an Alternativen doch ein. Nicht, um der sozialistischen Sache wegen einzuwilligen, sondern um in schier aussichtsloser Lage klein beizugeben. Die Enteignung und Zwangsverstaatlichung des Familienbetriebes erfolgten nicht durch offensichtliche Gewalteinwirkung. Der steigende Druck kam durch die Hintertür und legte die Backstube und damit das Herz des Betriebes lahm. Über Nacht blieb nicht nur die Belieferung mit Mehl aus staatlicher Zuteilung aus, sondern auch alle weiteren nötigen Backzutaten oder gar Getränke für den Cafébetrieb fehlten fortan. Die Bäckerei sah sich erpresst und ihrer Existenzgrundlage unwiederbringlich beraubt und Wolfgangs Eltern, die vier Söhne zu ernähren hatten, ihres Glaubens an die Rechtschaffenheit des Staates. Café und Backbetrieb wurden unter staatlicher Führung nicht aufgelöst, sondern genau als solche fortgeführt wie zuvor von privater Hand. Wolfgangs Vater bestellte man zum Geschäftsführer im ehemals eigenen Betrieb. Eine bittere Persiflage für die gesamte Familie. Alles lief also weiter wie gehabt, nur zogen Wolfgangs Eltern nicht mehr die Fäden des Geschäftsgeschicks, sondern unterlagen nun der staatlichen Planung und Kontrolle.

Wolfgang beobachtete dieses Geschehen sehr genau und zog bereits als Schüler seine eigenen Schlüsse bezüglich der Gerechtigkeit im sozialistischen Staat. Sein Grundverständnis von Freiheit wurzelt tief in dieser Episode der Familiengeschichte. Später mehrfach auf eine erwünschte Parteimitgliedschaft in der SED angesprochen, lehnte er diese Einladung regelmäßig ausdrücklich ab. Direkt nach dem Abitur leistete Wolfgang Ende der 1970er Jahre seinen eineinhalbjährigen Dienst bei den Grenztruppen in Heldburg/Thüringen. Diese Zeit barg in mehrfacher Hinsicht prägende Ereignisse, die ihm die Enge und politische Merkwürdigkeit des eigenen Vaterlandes immer wieder vor Augen führten, ohne dass sie Wolfgang jedoch zu offensiven revolutionären Handeln verführten.

Wolfgang war frisch verliebt, als er seinen Wehrdienst aufnahm und er schrieb seiner Liebsten viele Briefe. Verwunderlicherweise antwortete die junge Frau nach kurzer Zeit nicht mehr, was ihn sehr betrübte. Seine Freundin indes schien zu bemerken, dass die Korrespondenz gestört war und ihre Briefe, die sie sehr wohl und häufig weiterhin verfasste und losschickte, Wolfgang nicht zu erreichen schienen. Sie verbündete sich mit Wolfgangs Oma, versandte ihre Briefe fortan im Namen und unter der Adresse der Großmutter und siehe da, dieser kleine Trick genügte, um den Schriftwechsel zwischen den beiden Liebenden wieder herzustellen. Offenbar war der direkte Kontakt zwischen Wolfgang und seiner Freundin nicht erwünscht und die Poststelle der Kaserne sorgte dafür, dass die einschlägig adressierten Umschläge der jungen Dame ihrem Freund nicht übergeben wurden und für die Zeit einiger Monate ausnahmslos verschwanden.

Wolfgangs Dienst sah häufige Patrouillen an der innerdeutschen Grenze zwischen Thüringen und Bayern vor. Zusammen mit einem Kameraden ging er bei jedem Wetter und in Schichten entlang der bewaldeten Grenzlinie auf Streife, den seine Einheit zu sichern hatte. Irgendwann sollten die Minen auf ostdeutscher Seite gewechselt werden und Selbstschussanlagen anstelle der bis dato genutzten Bodenminen installiert werden. Der Minenräumdienst hatte die im Erdreich verborgenen, gefährlichen Waffensysteme bereits entfernt. Der Aufbau der Anlagen verzögerte sich indes um kurze Zeit. Wolfgang, der mit einem Kameraden entlang des schon beräumten Grenzstreifens patrouillierte, hatte plötzlich die Idee, für einen Moment die Grenze zu übertreten. Beide Soldaten, die einander vertrauten, standen also für einen klitzekleinen Augenblick auf wenigen Zentimetern Boden der Westseite. Wolfgang steckte sich als Erinnerung eine Handvoll Erde ein, die er fortan in einem Tütchen aufbewahrte. Damit sollte das winzige Abenteuer für die beiden Soldaten eigentlich enden. Doch als sie im Begriff waren, die Streife wieder ordnungsgemäß fortzusetzen, näherten sich unerwartet zwei bayerische Grenzer, die

die beiden Ostdeutschen unvermittelt ansprachen und baten, die mitgeführten Калашников[7] einmal halten zu dürfen. Im Austausch dürften sie kurz die westdeutschen Sturmgewehre ergreifen und begutachten. Wolfgang und sein Kamerad nahmen das Angebot nicht an, sondern vielmehr die Beine in die Hand. Beide hatten den gleichen angstvollen Gedanken: »Wie könnten sie dies ihrem Vorgesetzten erläutern, würden die beiden bayerischen Grenzer die eigenen Gewehre behalten und nicht zurückgeben, wie versprochen?« Die Besorgnis, dass damit auch ihr winziger Ausflug auf westdeutsches Gebiet auffliegen würde, war dabei von geringstem Unbehagen!

Im Folgenden gab es mehrfach besondere Alarme, als die Geheimdienste der Einheit mitteilten, dass geplante Grenzübertritte zu erwarten seien. Wolfgang berichtet voller Erleichterung, dass er zu den betreffenden Zeiten glücklicherweise nie im Dienst war. Jedoch erinnert er sich, dass es auch Meldungen von erwarteten Grenzübertritten aus dem Westen nach Ostdeutschland gab, und er fragt sich noch heute, aus welchem Grund jemand das wahnwitzige Risiko auf sich nahm, im Tausch der Freiheit gegen die Beschränkungen des Ostens auch noch das eigene Leben aufs Spiel zu setzen.

Nur wenige Tage vor Ende seines Wehrdienstes wurde die Alarmbereitschaft nochmals wesentlich erhöht. Ein desertierter russischer Soldat, der aus Dresden kommend bereits zwei Menschen auf seiner Flucht erschossen hatte, wurde im Thüringischen zum Grenzübertritt erwartet. Schwer bewaffnet und mit dem Wissen, sowieso nichts mehr verlieren zu können, stellte diese Meldung eine besondere Gefahr auch für das Leben des jungen Soldaten dar. Die Taktung der Schichten der Grenzpatrouillen wurde von acht auf sechs Stunden verringert, um größtmögliche Aufmerksamkeit während der Streifen zu gewährleisten. Den Schießbefehl änderte man dahingehend, dass die Grenzer befugt und befehligt waren, auf alles zu schießen, was sich bewegte, ohne die vermutete fremde Person zuvor anzusprechen und mittels eines Warnschusses zu alarmieren.

Wolfgang verspürte in dieser Lage große Angst, hörte Geräusche im finsteren Wald, die es vermutlich gar nicht gab, und schoss eines Nachts tatsächlich in die dunkle Ungewissheit, als er und sein Kamerad etwas unweit im Unterholz rascheln hörten. Sie forderten Verstärkung an und fanden zur großen Erleichterung aller heraus, dass sie nicht auf den russischen Flüchtling gestoßen waren, sondern lediglich einen Igel bei der Nahrungssuche aufgespürt hatten. Das Stacheltier überlebte den Kugelhagel und Wolfgang war einfach nur froh, kurz darauf die Armee hinter sich lassen zu können.

Das Leben in den wenigen verbleibenden Jahren bis zum Mauerfall prägte sich für Wolfgang durch sein Studium der Mathematik und Physik und den Ausbau seines Hobbys Schach zum aktiven Spieler. Im Jahre 1988 schaffte er es in das Finale der DDR-Meisterschaft, spielte dort unter den letzten vierzehn Titelanwärtern und erkämpfte sich sogar einen Platz in der Weltrangliste. Trotz all der Freude und des Stolzes stellte dieser herausragende Meilenstein wieder einen Moment dar, in dem Wolfgang die enge Begrenzung der Möglichkeiten im eigenen Heimatland bewusst wurde. Er hatte wie die besten Spieler der Welt eine die Spielstärke bezeichnende ELO-Zahl des Weltschachverbandes errungen. Die meisten Spieler dieser Liste würde er niemals auch nur hypothetisch treffen können.

Wolfgang schrieb zum Abschluss des Studiums eine Diplomarbeit mit dem Titel »Wirksamkeit von Physikvorlesungen«, die er mit einem »Sehr Gut« abschloss. Die didaktisch-methodische Betrachtung verschiedener Lehrformen und deren Lehrerfolg bei den Studenten stieß an der Universität auf Interesse, weshalb man ihm eine Promotionsstelle anbot. Enttäuscht musste Wolfgang feststellen, dass die Möglichkeit, den Doktortitel zu erwerben, unumstößlich an das stark adaptierte Thema seiner Diplomarbeit unter der neuen Problemstellung »Wirksamkeit der Lehre bei der Herausbildung sozialistischer Studentenpersönlichkeiten« gebunden war. Er lehnte ab, ohne zu zögern. Bei der Übergabe der Diplomzeugnisse gratulierte man ihm paradoxerweise mit den Worten, dass sogar etwas aus ihm hätte werden können, hätte er nicht so viel Schach während des Studiums gespielt.

Wolfgang wurde Lehrer an einer POS in Jena, wechselte bald zur betrieblichen Berufsschule des Kombinats Carl Zeiss Jena, baute eine Spezialklasse zur mathematisch-naturwissenschaftlichen Spitzenförderung auf und konnte in den Nachwendetagen nach mehreren Karriereschritten maßgeblich dazu beitragen, die Augenoptikerschule in Jena zu erhalten. Ohne den Wandel und den Fall der Berliner Mauer hätte es für ihn nie die Möglichkeiten gegeben, ohne Parteibuch erst Abteilungsleiter, später Referent im Thüringer Kultusministerium und sogar Schulleiter zu werden.

Dieses nie vorhandene Parteibuch der SED kreuzte immer wieder während seines beruflichen Werdegangs Wolfgangs Wege und ähnlich dem täglich grüßenden Murmeltier bescherte es sogar die gleichen Situationen in verschiedenen Spielarten. Auf die Frage, ob er Mitglied der SED sei, die er immer verneinen konnte und musste, endete einst ein Vorstellungsgespräch mit der Antwort: »Gut, dann ist diese Unterhaltung hiermit beendet,« und ein anderes begann mit der Verneinung erst richtig, indem man Wolfgang sagte: »Das ist auch nicht schlimm, aber wir müssen Sie das fragen.«

Wolfgang war kein Revoluzzer, aber er tauschte seine Werte auch nie gegen fragwürdige Chancen und baute sich durch diesen stillen Protest letztlich das Fundament seines Lebens nach der Wende schon lange vor dieser.

ABSOLUTA CONDICIONE

P. trug schon als Jugendlicher lange Haare und kleidete sich überdies in einen ausgemusterten Parka aus US-amerikanischen Militärbeständen. Im DDR-Garderoben-einerlei stach er auf eine Weise hervor, die so einigen deutlich missfiel. Betitelungen als Gammler oder Kunde stellten dabei nur die liebevolleren Beschimpfungen dar, die P. in der Öffentlichkeit zu hören bekam.

Nicht nur sein äußeres Erscheinungsbild zeigte, dass der Staatsapparat offenbar Mühe hatte, P. entsprechend der vorgesehenen, klar definierten Linie innerhalb des sozialistischen Kosmos' zu erziehen. Mit vierzehn Jahren weigerte sich P. gar, der Freien Deutschen Jugend beizutreten, wurde aber von seinen eigenen Eltern genötigt, dies unbedingt zu tun, was gleichwohl dazu führte, dass er nur ein Jahr später die Mitgliedschaft aufkündigte und austrat. Ebenso verließ P. trotz guter Leistungen die Schule nach der achten Klasse mit einer Sondergenehmigung, da es immer schwerer für ihn wurde, der vorgegebenen Umlaufbahn sozialistischer Erziehung zu folgen. Im Anschluss erlernte P. den unter Jugendlichen überaus beliebten und gut bezahlten Beruf des Karosserieschlossers, nur um sich mit einundzwanzig Jahren und einer schweren Unverträglichkeit auf Nitrofarbe zu fragen, ob dies tatsächlich schon der Zenit des Lebens sein sollte.

Untätig und angepasst zeigte sich P. auch während der Ausbildungszeit nicht. Im Alter von 16 Jahren gründete er zusammen mit seinem Onkel eine Diskothek, die später durch die Familie zu einer Konzertagentur erweitert wurde. Im Laufe der Jahre sah P. nahezu alle Kulturhäuser und Veranstaltungsstätten der gesamten Republik als Schallplattenunterhalter und brachte neben allen Größen der landeseigenen Unterhaltungswirtschaft nicht nur westdeutsche, sondern auch internationale Künstler erfolgreich auf ostdeutsche Bühnen. Er besetzte Häuser, schaffte es mit einigen Mitstreitern, einen Antrag für einen dem Zivildienst ähnlichen internationalen Friedensdienst zur Abstimmung in die Volkskammer[8] zu bringen und lernte die Welt der sozialistischen Bruderländer dank der Maßgabe kennen, dass Jugendtourist[9] einem festgelegten Anteil von Jugendlichen Reisen verkaufen musste, die kein Mitglied der FDJ waren. So war P. bereits mit zwanzig Jahren erstmals in der Sowjetunion, bereiste viele der zahlreichen Sowjetrepubliken und darüber hinaus mit dem Motorrad weitere sozialistische Länder, wie Ungarn oder die Tschechoslowakei.

Der Antrag auf einen zweijährigen Wehrersatzdienst ohne Uniform[10] wurde zwar einstimmig von der Volkskammer abgelehnt, doch führte dieses mutige Unterfangen die Stasi auf P's Spur, die ihre Teleskope ab nun besonders intensiv auf ihn ausrichtete.

Auf die Nitrofarbenallergie folgte ein ganzer Sommer, den er dank Krankschreibung zur freien Verfügung hatte, denn mit der Unverträglichkeit war es P. nicht mehr möglich, seinen gerade erst erlernten Beruf in der Kfz-Werkstatt weiterzuführen.

Eines heißen Sommertages traf er sich mit einem Freund zum Baden und dieser schlug nach einigen Stunden des Müßiggangs vor, zum Mittagessen in die Kantine des nahegelegenen Krankenhauses zu gehen. Eine schicksalhafte Entscheidung, denn P. blieb quasi in diesem, arbeitete in der Folge zwei Jahre ehrenamtlich dort, wurde dann als Hilfspfleger angestellt, und entschloss letztlich, sich in einem Fachschulfernstudium zum examinierten Krankenpfleger ausbilden zu lassen.

P. blieb auch während des Studiums politisch aktiv, immer in dem Bemühen, die Freiheit, die den DDR-Bürgern fehlte, zu suchen und sich mit aller Kraft für das Erreichen dieser einzusetzen. Selbstredend verteidigte er im Januar 1988 wortreich und leidenschaftlich im heimischen Leipzig die »Störer«, die die Parade der Rosa-Luxemburg-Demo in Berlin öffentlichkeitswirksam aufgehalten und mit ihren Transparenten auf die Schieflage der Menschenrechte in der DDR aufmerksam gemacht hatten.

In der Konsequenz wurde P. kurz vor den Abschlussprüfungen fast exmatrikuliert. Dies ließ sich nur durch das mutige Einschreiten seiner Oberin im Krankenhaus vereiteln, die sich schützend vor ihn stellte und überzeugt für P. einsetzte. P. selbst verspürte daraufhin nur noch den dringenden Wunsch, die DDR zu verlassen. Um dies zu verhindern, bot sein Vater an, in Berlin ein Haus für den Sohn zu kaufen, von dem P. nur einen Teil der Finanzierung hätte übernehmen müssen. Da Ausreiseanträge von Bürgern, die einen Kredit zu bedienen hatten, grundsätzlich abgelehnt worden, hoffte P.'s Vater, den Ausreisegedanken des Sohnes zu verhindern. P. verweigerte den Hauskauf.

Ihm fehlte die Luft zum freien Atmen im engen Korsett der nicht vorhandenen Bürgerrechte immer dringlicher. Die vergangenen Jahre hatten sein Vertrauen in die Übermacht des Staates bereits so einschneidend erschüttert, dass ein Weiterhin kaum möglich schien. So vieles war ihm widerfahren, dass selbst sein Privatleben durch die Fremdeinwirkung der Stasi zunehmend ins Wanken kam und schließlich zerbrach. Als sich P. für das Krankenpflegerstudium anmeldete, stellte er im Wehrkreiskommando einen Antrag auf Rückstellung, um das Studium ohne Unterbrechung absolvieren zu können.

Mit den Worten: »Wir werden Sie genau dann einziehen, wenn es für Sie am wenigsten passt,« befehligte ihn die NVA in dem Moment zur Waffe, als er frisch verheiratet von der Schwangerschaft seiner Frau erfuhr. P. zog daraufhin seinen Antrag auf einen Dienst als Bausoldat zurück, um nicht zu riskieren, während des Pflichtdienstes keinen Urlaub zu erhalten und Frau und Kind nicht sehen zu dürfen. Ein Fehler, wie sich bald herausstellte, denn so wurde P. zum Spielball der Willkür der Vorgesetzten. Eingesetzt als Kradmelder, also einem Verbinder und Erkunder per Kraftrad, bei einer Spezialeinheit sah P. seine schwangere Frau nur einmal im ersten halben Jahr. Irgendwann erreichte ihn ein Telegramm, dass seine Tochter geboren wurde. Nur eine Stunde nach Erhalt des Telegramms kommandierte man

P. überraschend zu einer Generalstabsübung, bei der die Soldaten von der Außenwelt abgeschnitten waren. Eine Reaktion auf die Geburt seiner Tochter war ihm nicht möglich.

Vierzehn quälend lange Tage wartete seine Frau auf Nachricht von ihm, während derer P.'s Schwiegermutter, eingefädelt durch überzeugende Fehlinformationen der Stasi, der jungen Mutter erzählte, dass er keinen Kontakt mehr wolle und bestimmt längst eine andere Frau kennengelernt hätte. Auf andere Weise sei das Schweigen schließlich nicht zu erklären gewesen.

Nach vierzehn Tagen erhielt P. endlich die Erlaubnis, Frau und Kind zu besuchen, und wurde völlig überraschend vom Wochenbett von der Militärpolizei sofort wieder abgeholt, um zur nächsten spontan für ihn relevanten, zweiwöchigen Militärübung geschickt zu werden. Eine erneute Zeit der aufgezwungenen Kontaktlosigkeit schloss sich an und es gelang P. in der Folge nicht, die gezielt gesetzten falschen Nachrichten, denen seine Frau mittlerweile Glauben schenkte, zu entkräften. Sie ließ sich scheiden und untersagte ihm den Umgang mit der Tochter. P. fühlte sich ohnmächtig und er vermisste sein Kind sehr.

Auch die Tochter spürte den schmerzlichen Verlust und suchte im Alter von nur zwölf Jahren selbstständig den Kontakt zu ihrem Vater. Doch ihre Familie unterband diesen Versuch vehement, was dazu führte, dass das Kind frühzeitig den Halt verlor und in einen lebensbedrohlichen Drogenstrudel geriet.

P. versuchte seiner Tochter später zu helfen, vermittelte sie in verschiedene Entgiftungsmaßnahmen und musste letztlich sogar fürchten, sie würde aufgrund des Heroinkonsums bald sterben. Um sich selbst zu schützen, brach er den Kontakt ab und ließ sich als Erinnerung einen Stern tätowieren, der den Namen seiner Tochter symbolisierte.

Trotz all dieser Ereignisse verließ P. die DDR letztlich doch nicht.

1989 passierten gleich mehrere einschneidende Begebenheiten parallel. P., frisch verliebt in seine heutige Frau, sah erneut Vaterfreuden entgegen und schwor seiner Frau, niemals das Kind als Machtmittel der Beziehung einzusetzen. Umgekehrt ließ er sich das gleiche Versprechen geben. Das Trauma rund um seine Tochter saß zu tief und die Angst einer Wiederholung ebenso.

Im Juni 1989 fand in Leipzig der evangelische Kirchentag statt. Neben den offiziellen Veranstaltungen formierte sich ein Kirchentag von unten als ungewollte Parallelveranstaltung. Bei der Hauptveranstaltung auf der Leipziger Pferderennbahn begab sich P. mit wenigen anderen Gleichgesinnten, ausgerüstet mit einer Klagetrommel und einem Mínzhǔ-Plakat[11] auf die Bahn, wurde von der Staatssicherheit dieser verwiesen, doch fügte sich der Anordnung nicht. Stattdessen schlossen sich ihm und seinen Mitstreitern weitere Menschen an. Einer nach dem anderen, irgendwann ein paar hundert Leute, knüpften ihre Bänder, die sie als Symbol der Teilnahme an der christlichen Veranstaltung trugen, an das

Transparent und folgten ihm im stillen, friedlichen Protest. Es formierte sich der Plan, zum Marktplatz zu gehen.

Doch die Stasi versuchte, als die Straßenbahn nahe der Pferderennbahn hielt, um Richtung Innenstadt zu fahren, die Aufrührer festzunehmen. Die Demonstrierenden setzten sich vor und hinter die Bahn und begannen das Schienenfahrzeug aufzuschaukeln. Es gelang, diese gefährliche Situation zu deeskalieren, und die Straßenbahn durfte weiterfahren. Im Gegenzug wartet auf der Karl-Liebknecht-Straße bereits die Einsatzpolizei mit Knüppeln. Nahebei, in der Riemannstraße, hatte der Pfarrer der dort befindlichen Kirche schon von dem nahenden Demonstrationszug und der gefährlichen Verfolgung gehört. Die Tore seiner Kirche weit geöffnet, nahm er die Verfolgten auf. Bedingt durch den Kirchentag befand sich ein Team des Deutschlandfunks in der Nähe und zeichnete das Geschehen auf. Ein Gewaltausbruch seitens der Staatsmacht wurde so unmöglich, ohne dass die DDR ihr Gesicht verloren hätte. In langen Gesprächen handelte man aus, dass die Schutzsuchenden die Kirche unbehelligt in Zehnergruppen verlassen durften.

Nur kurze Zeit später, am 40. Jahrestag der DDR, ging P. zum Spätdienst im Krankenhaus und sah an der Leipziger Nikolaikirche ein Schild mit der Aufschrift »Bitte nicht demonstrieren«. Niemand hielt sich an diesem Nachmittag des 7. Oktobers 1989 mehr an diese Aufforderung. P. schloss sich einer kleinen Gruppe an und mit jedem Schritt wuchs die Anzahl der Mitgehenden.

Die Polizei wartete indes schon mit Einsatzwagen auf die sich formierende Demonstration. Auf der Leipziger Agra[12] stand sogar ein Stasilager für die zu erwarteten Inhaftierten bereit. Am Abend nach Dienstschluss sah P. im Fernsehen von der Stasi- und Polizeigewalt nicht nur in Leipzig, sondern auch in Dresden und Berlin, während sich das Personal im Krankenhaus bereits im Laufe des Tages bangen Herzens auf Schussverletzungen einge-stellt hatte. P. spürte die Gefahr, doch war sie ihm egal. Die wachsenden, friedlich demonstrierenden Mengen an Menschen beflügelten den Mut und erstmals lag Hoff-nung auf wahrhafte Veränderung in der Luft.

Am darauffolgenden Montag trafen sich die Leipziger zum Montagsgebet in und vor der Nikolaikirche, denn die Kirche war längst nicht mehr in der Lage, die Men-schenmassen aufzunehmen, die ihr zuströmten. Wäh-rend die Stasi zahlreiche Scharfschützen auf den umlie-genden Dächern postiert hatte, setzten sich die Demon-strierenden langsam in Bewegung. Alle wussten, dass sie es geschafft haben würden, kämen sie unter dem Blauen Wunder, einer Brücke nahe dem Hauptgebäude der Staatssicherheit, gewaltlos hindurch. Schritt für Schritt trug auch P. diesen von hoffnungsvoller Euphorie ge-tragenen Wunsch der Massen dem entscheidenden Augenblick entgegen. Als sie ankamen, bot sich allen ein unvergessliches Bild. Einige wenige waren vorausgegan-gen und hatten unter Lebensgefahr Kerzen in die Fenster des »Runde Ecke« genannten Stasikomplexes am Brühl gestellt. Das Licht des Friedens strahlte als Symbol des friedlichen Umbruchs an diesem Abend erstmals in Leipzig und allen war klar, dass dies der Zeitpunkt war, an dem die DDR ein Relikt der Vergangenheit wurde.

Nach dem Mauerfall wurde es auch nicht ruhig in seinem Leben. P. verließ das wiedervereinigte Deutschland zeitweise und arbeitete als Krankenpfleger in der Schweiz und er traf durch einen Zufall irgendwann seine Tochter wieder. Sie lebte und hatte es geschafft, den Drogenkonsum hinter sich zu lassen. Seither hat P. wirklich eine Tochter und konnte nach all der verlorenen Zeit eine enge Bindung zu ihr aufbauen.

P. sah sich nie als ein radikaler Regimegegner des Sozialismus, aber er war stets getrieben von dem Verlangen, das Leben für die Menschen in dieser Staatsform lebenswerter zu machen.

»Na, is'se denn mit den Leistungen abgesackt? Gibt's sonst irgendwelche Probleme?«

»Nein ...«

»Dann weiß ich nicht, was wir hier zu besprechen haben!«

Friedas Mutter nahm eine ausnahmslos positive Rolle im Leben des Teenagers ein, den die fehlende Meinungsfreiheit regelrecht anpiepte. Selbst in einer Kommunistenfamilie aufgewachsen, verstand Friedas Mutter das Verlangen der Tochter nach Freiheit durchaus. Zusammen nähten sie Kleidung oder bastelten gar Statementbuttons aus Knöpfen.

So war es auch nicht erstaunlich, dass Friedas Mutter die Lehrerin ihres Kindes schlicht verbal vor die Tür setzte, als diese es für notwendig erachtete, einen Hausbesuch zu unternehmen, um die Familie über das schreckliche Vergehen schwarz lackierter Fingernägel in der Schule zu unterrichten.

In jugendlich-furchtloser Manier zeigte Frieda ihr Missempfinden ohne Scheu. Mit ihrem sechzehnten Lebensjahr schloss sie sich der Ostpunkszene an und veränderte ihr Äußeres entsprechend. Augenscheinlich sah ein jeder von da an, dass das junge Mädchen mit fast geschorenem Kopf und selbst hergestelltem Habitat rebellisch-regimekritisches Gedankengut trug.

Eines Nachts schrieb sie mit Freunden offenkundig staatsfeindliche Kreideparolen auf die Straße und verbrachte im Anschluss ihre erste Nacht im Polizeipräsidium der Stadt. Völlig überraschend für den Trupp junger Unruhestifter durften sie dieses am folgenden Morgen konsequenzlos wieder verlassen. Einer der Beteiligten hatte einen Bruder, der bei der Polizei beschäftigt war, und das Vorkommnis entsprechend unentsprechend zu Gunsten der Delinquenten regeln konnte.

Frieda beendete die Schule mit der Mittleren Reife im Sommer des Jahres 1988 und begann im Anschluss eine Ausbildung zur Glasschleiferin. Im Ausbildungsbetrieb im Glaswerk Annahütte lernte sie, Bleikristallvasen zu schleifen. Zur Berufsschule ging es nahe Görlitz in der Oberlausitz, ein Umstand, der sie zwang, während der langen Berufsschulblöcke im Lehrlingswohnheim zu schlafen.

Gegen Ende des ersten Lehrjahres rief die Heimleiterin des Wohnheims Frieda überraschend in ihr Büro. Die Dame, die sehr staatstreu war, befragte das junge Mädchen mit dem ungewöhnlichen Äußeren mehr als eine Stunde, warum dieses nicht in die SED eintreten wolle. Waren es die mit Kastellani, einem Fußpilzmittel aus der Apotheke, pink gefärbten Haare auf Friedas Kopf, die ihr ein Dorn im Auge waren? Oder die mit einem Mix aus Klarlack und Ausziehtusche pechschwarz lackierten Fingernägel? Frieda, die sich während der gesamten Befragung nicht setzen durfte, und ordentlich aufrecht stand, empfand die sich scheinbar endlos ziehende Situation als sehr beklemmend. Irgendwann antwortete sie nicht mehr und erduldete die Erniedrigung stumm. Das Ziel der gesamten Angelegenheit blieb ihr fraglich. Vermutlich sollte an ihr ein Exempel statuiert und damit ein Zeichen gesetzt werden, trotz der überall auf Veränderung stehenden Omen, im Lehrumfeld möglichst angepasst und keineswegs aufmüpfig zu sein. Denn unangepasstes Verhalten hatte sie bereits einige Monate zuvor während der Reise zum Pfingsttreffen der FDJ in Berlin zu Tage gelegt. All die dort stattfindenden Konzerte durften von den teilnehmenden ostdeutschen Jugendlichen nur uniform in FDJ-Bluse gekleidet besucht werden. Frieda kümmerte dies recht wenig. Für den Einlass trug sie das blaue Hemd, zog es allerdings im Club rasch aus und entblößte das darunterliegende T-Shirt, dass den Schriftzug einer Parole gegen das geteilte Deutschland trug. Irgendeine Liedzeile eines Songs ihrer Lieblingsband Sandow in wenigen Lettern quer über der Brust, die dazu führte, dass Frieda das Konzert umgehend verlassen musste. Während sie dann bei der offiziellen Parade nicht einmal Erich Honecker auf seiner Tribüne zuwinkte und auch noch, statt ordnungsgemäß in der Turnhalle, in der sie mit ihrer FDJ-Gruppe untergebracht war, zu übernachten, es vorzog, die Nacht zum Tag zu machen und das Nachtleben Berlins zu genießen, verlor einer ihrer Betreuer die Geduld und meldete ihr Fehlverhalten der Schulleitung. Dies mündete prompt in einem strengen schriftlichen Verweis.

Als sie nach dem ersten Lehrjahr in die Sommerferien ging, war die Unruhe, die sich in der Gesellschaft ausbreitete, bereits überall spürbar. Der September kam und mit Auftakt des zweiten Lehrjahres änderten sich die Umstände der Lehrausbildung deutlich. Ohne dass die Weichen des Umbruches schon abschließend gesetzt waren, schien dennoch die im Unterricht, allem voran in den Stunden der Staatsbürgerkunde, vermittelte Ideologie verändert. Statt des Verinnerlichens sozialistischer Parolen fanden plötzlich Diskussionsrunden statt. Je offener sich der jeweilige Lehrer zeigte, umso freier stellte sich der mögliche Diskurs dar. Manche der noch zahlreichen Ewiggestrigen im Kollegium der Berufsschule in Weißwasser drohten dagegen mit ernstzunehmenden Konsequenzen, sollte man Schülerinnen und Schüler dabei erwischen, an den Demonstrationen im nahen Leipzig teilzunehmen. Frieda erinnert sich einer Mitschülerin, die dieses Gebot missachtete und sogar kurzfristig verhaftet wurde.

Den Mauerfall erlebte Frieda mit freudiger Aufregung und dem vielversprechenden Gefühl, dass ab nun alles besser würde. Frieda beendete ihre Ausbildung im September 1991 und wurde sogar noch vom Lehrbetrieb in Annahütte übernommen. Eineinhalb Jahre arbeitete sie dort und schliff täglich die gleichen Werkstücke im Akkord. Dann wurde das Kombinat abgewickelt und Frieda musste sich arbeitslos melden.

Während der Arbeitslosigkeit blieb sie nicht untätig und arbeitete schwarz bei einer Bekannten in deren Textilgeschäft.

Im März 1993 krempelte Frieda ihre Zukunftspläne noch einmal auf Neuanfang und startete eine Ausbildung zur Krankenschwester im Krankenhaus von Lauch-hammer/Brandenburg. Da ihre Mutter im gleichen Haus arbeitete und von allen sehr geschätzt wurde, stand Frieda ein wenig unter Druck, den Erwartungen gerecht zu werden. Ihre Mutter meinte nur: »Blamier' mich nicht!« Frieda blamierte sie nicht und fühlte sich im neuen menschlichen und beruflichen Umfeld schnell zu Hause.

Während dieser Lehrjahre zur Krankenschwester im jüngst wiedervereinigten Deutschland wurde Frieda ruhiger, wenn auch nicht auf langweilige Weise. Der Punk als Ausdruck der Lebenseinstellung hatte sich erübrigt, denn mit dem Gefühl, nun endlich größere Meinungsfreiheit genießen zu dürfen, schwand ihr Bedürfnis nach Auflehnung. Musik und Kultur blieben indes ihr Mittel, das Leben mit spannender Abwechslung zu durchweben.

ÄTHERISCH

Schüler sind schlau. Sie wissen genau, mit welchem Stichwort sie ihre Lehrer vom Eigentlichen wegführen und zu viel Interessanterem als den vermeintlich schnöden Stoff gemäß Lehrplan umlenken können. Immer dann, wenn es der Klasse an der Erfurter Grundschule Wilhelm Pieck erfolgreich gelungen war, ihre Lehrerin vom Einmaleins oder der deutschen Rechtschreibung abzubringen, um sie stattdessen von den Widerstandskämpfen während der Zeit des Nationalsozialismus berichten zu lassen, hing Steve an den Lippen der schon recht alten Dame, die sich oftmals so in Rage sprach, dass sie dabei gar ein wenig spuckte. Die persönlich erlebte Vergangenheit der Pädagogin trug die Faszination des Bösen und Dunklen mit sich entlang des Erzählten. Vielleicht liegt genau hier der Ursprung der journalistischen Begeisterung des Jungen, der das Eintauchen in die Berichterstattung direkt aus der Gemengelage des Lebens irgendwann zu seiner Passion und zu seinem Beruf geraten ließ.

Zunächst kehrte Steve jedoch nach Beendigung der vierten Klasse der Plattenbausiedlung seiner frühen Kindheit den Rücken und zog mit seiner Familie in ein Reihenhaus im Erfurter Norden. Das typisch bilderbuchsozialistisch illustrierte Stadtleben im Neubau wandelte sich in beschauliches, fast schon ländlich geprägtes Wohnen. Steve vermisste seinen alten Freundeskreis, den er zurücklassen musste und fand es zu Beginn ausgesprochen schwer, sich im neuen Umfeld einzuleben. Spätestens nach den Herbstferien verlor sich der anfängliche Kummer hingegen und der Fünftklässler war nicht mehr der Neue in der Nachbarschaft und Klasse, sondern formte fortan die Gemeinschaft aktiv mit.

Nach Beendigung der Polytechnischen Oberschule und dem Erwerb der Mittleren Reife begann Steve eine zweijährige Ausbildung zum Friseur im Dienstleistungskombinat Erfurt. Ein Sprungbrett nur, denn das eigentliche Ziel eines Ausbildungsplatzes zum Maskenbildner konnte innerhalb des beruflichen Qualifikationssystems der DDR nur durch diesen Zwischenschritt erreicht werden. Entsprechend dem Bewusstsein, dass das Handwerk eines Friseurs nur notwendiges Übel auf dem Weg zum Traumberuf war, schnitt Steve die Lehre mit eher durchschnittlichem Ergebnis ab und war sich bereits während der Ausbildung sicher, dass dies ganz und gar nicht der Beruf war, den er für den Rest seines Erwerbslebens ausüben wollte. Dennoch trat der Neunzehnjährige nach dem Ablegen der Innungsprüfung im Sommer 1989 eine Stelle als Facharbeiter im einstigen Lehrbetrieb an und schnitt fortan die Haare der Kundschaft zu staatlich subventionierten Niedrigstpreisen.

Während der folgenden Monate überschlug sich die Nachrichtenlage zusehends. Die DDR geriet merklich aus den Fugen und bald schon ins Wanken. Als Steve am neunten November 1989 morgens noch vor der bereits um sechs Uhr beginnenden Frühschicht im Friseursalon von den offenen Grenzen aus dem Radio erfuhr, trat er den Arbeitstag mit einer Mischung aus großer Freude und etwas Bange an. Allein die Tatsache, dass er nun in der Lage sein würde, die Welt auch außerhalb der sozialistischen Grenzen bereisen zu dürfen, ließen Steve dankbar die Tränen über die Wangen laufen. Das Fallen der Mauer stellte ein solch einschneidendes historisches Ereignis dar, von dem er zuvor nicht einmal geglaubt hatte, träumen zu können.

Eigentlich fühlte sich der junge Mann im eigenen Heimatland der DDR bisher nie ernstlich unwohl, doch das Manko der fehlenden Reisehorizonte war auch ihm bereits unangenehm bewusst. Schon wenige Zeit nach dem Mauerfall begann sich Steves beruflicher Alltag zu wandeln. Die Preise wurden nach und nach angehoben. Ein Herrenschnitt für gerade einmal eine Ostmark war wirtschaftlich nicht mehr zu halten. Parallel zur Preissteigerung wuchs der Unmut der Kundschaft, welche ihr fehlendes Verständnis ob der nun marktwirtschaftlich berechneten Entgelte unverblümt nörgelnd offenbarte. Steve zeigte sich vom dauerhaften Strom der Beschwerden genervt und stellte einmal mehr fest, dass er sich dies keineswegs für immer und ewig anhören wollte.

Sein Traum vom Maskenbildner verblasste indes ein wenig, denn dafür hätte Steve nach Berlin ziehen müssen, um die einzige Schule der DDR, die diesen Beruf ausbildete, besuchen zu können. Eine erneute Trennung von seinen Freunden wollte Steve nicht hinnehmen. Darüber hinaus war er schwer verliebt und hatte jüngst sogar eine erste eigene Wohnung mit seiner Freundin bezogen. Das Gehalt eines Friseurs war zwar nicht üppig, doch dank der weiterhin großzügigen Trinkgelder seiner Kunden hatte er sich ein gutes Leben einrichten können, auf welches zu verzichten in der Vorstellung ebenso schwerfiel. Zudem zählte Steve noch keine zwanzig Jahre und sagte sich, dass er die Maskenbildnerschule auch später besuchen könnte, wenn es besser in die Lebensumstände passte. Dennoch keimte in ihm die Idee, etwas völlig Neues machen zu wollen, um den von Klagerufen und Meckerei begleiteten Haarschnitten über kurz oder lang entkommen zu können.

Während eines Telefonats mit einem Freund, dem Steve von seiner beruflichen Unzufriedenheit und dem Mangel an alternativen Einfällen berichtete, meinte dieser kurzerhand und wohl auch ein wenig scherzhaft, warum Steve nicht zum Radio ginge, immerhin hätte er eine tolle Stimme.

In zeitlicher Übereinstimmung zu diesem Telefongespräch sah Steve darüber hinaus den gerade in den Kinos spielenden Kassenschlager »Good Morning, Vietnam« mit Robin Williams als inspirierenden AFN-Radiomoderator[13] und dachte sich: »Was für ein geiler Job! Morgens arbeiten, ab mittags high life ... Ich werde Radiomoderator!« Steve schnappte sich Füller und Schreibpapier und verfasste per Hand eine Bewerbung, die er umgehend an Radio Weimar schickte. Im Text des Stellengesuchs warb er mit größtem Selbstbewusstsein für sich und meinte gar, der Radiosender könne seine Suche nach geeigneten neuen Moderatoren einstellen, denn nun wäre schließlich er da. Solch außergewöhnlich starkes Ego in einem noch nicht einmal per Schreibmaschine getippten Bewerbungsbrief erzeugte tatsächlich Interesse in der Redaktion des lokalen Senders und man lud Steve zu einem Radiocasting ein.

Überzeugt von seinen stimmlichen Qualitäten folgte er der Einladung und sprach im Sender Probetexte auf Band, die jedoch mit einem Kopfschütteln sofort abgelehnt wurden. Man teilte Steve mit, dass seine Stimme wahrhaft vortrefflich sei, sein ausgeprägter mittelthüringischer Dialekt jedoch ein öffentliches Sprechen absolut verbieten würde. Das Feedback à la: »Das wird nichts! Da kann man nur mit intensiver Sprecherziehung Besserung erzielen ...,« verinnerlichte Steve nicht in Gänze. Einzig der Hinweis auf die nötige Sprecherziehung blieb hängen und so begab er sich umgehend auf die Suche, wo er diese Schulung seiner Aussprache möglichst zeitnah genießen konnte.

Schon zum Jahreswechsel 1989/1990 zeigte sich das Vorhaben von Erfolg gekrönt. Steve fand an der pädagogischen Hochschule in Erfurt, also direkt vor der eigenen Haustüre, eine sehr alte Sprecherzieherin, die ihm gegen kleines Entgelt, ohne Vertrag und an der Steuer vorbei, Stunden erteilte. Die stark alkoholabhängige Dame zeigte sich rigoros. Ihr Credo hieß »Üben, üben, üben!« Wenn Steve nicht mindestens fünf Tage die Woche trainieren würde, flöge er umgehend aus ihrem Privatunterricht. Steve übte fraglos wie besessen und führte täglich Sprech- und Stimmübungen durch. Im Herbst 1990 stand er wieder vor der Tür des Senders in Weimar und »meldete« sich zurück. Man lehnte ihn erneut ab, riet ihm aber, erstmal ein Praktikum zu machen, um überhaupt zu sehen, worauf er sich einließe.

Steve ließ sich nicht entmutigen. Er hörte nur das Wort Praktikum und sagte sich: »Gut, dann mache ich jetzt ein Praktikum und dann kriege ich den Job.« Nebenher, er war immer noch Friseur, feilte Steve weiter am Hochdeutschen.

Im Sommer 1990 zahlte sich seine Hartnäckigkeit aus und ihm wurde endlich ein Praktikum angeboten. Diese Chance, auf die er so lange hingearbeitet hatte, durfte ihm nicht entgehen, doch wie sollte ein Praktikum beim Radiosender neben seiner beruflichen Tätigkeit als Friseur vonstattengehen? Steve bat um unbezahlten Urlaub für die Dauer des Praktikums. Dieser Wunsch wurde unverhandelbar ausgeschlagen. Guter Rat schien teuer, denn Steve wusste sehr genau, dass dies seine Chance auf Veränderung war.

Er griff zu außergewöhnlich drastischen Mitteln. Steve nahm ein Rasiermesser zur Hand und zog sich die scharfe Klinge willentlich durch die Hand. Die Krankschreibung über viele Wochen war gesichert und damit ebenso die nötige Zeit, das Praktikum antreten zu können. Die Ärztin jedoch, die die Wunde versorgte, konnte kaum glauben, welche Geschichte sie zu hören bekam und hielt Steve eine Standpauke, an die er sich bis heute detailliert erinnert. Er hatte schier grenzenloses Glück, dass diese Verletzung keine irreparablen Schäden mit sich trug!

Das Praktikum bestand aus vielen Stunden des Zuschauens und Beobachtens. Bald durfte Steve auch Beiträge an der Bandmaschine schneiden. Rückblickend ein eigentlich risikoreiches Wagnis, einem Laien die Entscheidungsgewalt darüber zu geben, welche Teile der Aufnahme relevant zeichneten und welche nicht. Denn die Möglichkeit, Reset zu drücken und neu zu schneiden, gab es beim damals noch analogen Radio nicht. Offenbar hatte Steve ein gutes Händchen beim Schneiden und durfte nach einiger Zeit sogar mit einem Aufnahmeset ausgestattet erste eigene Aufnahmen und Umfragen aufzeichnen. Ein wenig später weitete man die Aufgaben des interessierten Praktikanten erneut aus und ließ ihn Fernsehprogrammtipps schreiben, die die Kollegen dann am Mikrofon lasen. Erste Kleinigkeiten bekam Steve sogar bezahlt. Er gewann an Selbstbewusstsein und kam endgültig auf den Geschmack.

An ein Zurück zur Dauerwelle und Heißlufthaube war schon lange nicht mehr zu denken. Der Traum vom Leben als Radiomoderator schien endlich zum Greifen nahe ... und zerplatzte überraschend, als man Steve mitteilte, dass er niemals selbst vor dem Livemikrofon sitzen würde, denn dieser Platz war ausschließlich Hochschulabsolventen vorbehalten. Steve verfügte als gelernter Friseur nicht einmal über das Abitur.

Was tun? Aufzugeben schied als Option aus. Steve ließ sich nicht entmutigen und suchte nach neuen Wegen. Ein Kollege gab ihm schließlich den entscheidenden Hinweis:

»Geh doch zum Fernsehen, wenn du nicht gebildet genug fürs Radio bist.«

Die Landesfunkhäuser befanden sich gerade im Entstehen und in Gera gab es ein TV-Studio des DFF[14], das eine wochentags tägliche Nachrichtensendung für die Region Thüringen sendete. Dort suchte man Nachrichtensprecher.

Steve rief an, sprach mit den Verantwortlichen und diese stellten erfreut fest:

»Toll, Sie sprechen Hochdeutsch. Kommen Sie!«

Am sechzehnten September 1990 stand Steve erstmals vor der Livekamera, hatte einen in den Wohnzimmern, in denen die Sendung vom Bildschirm flimmerte, fast hörbaren Herzschlag und las die Nachrichten vom Blatt. Ab dann sprach er einmal im Monat je eine Woche die Nachrichten. Schon ab der ersten Woche durfte er diese schon in Teilen selbst verfassen und wurde zunehmend selbstständiger.

Nach Gründung des MDR im neuen Jahr 1991 erweiterten sich seine Aufgabengebiete rasch. Steve moderierte bald ein regionales Reisejournal; später das »Thüringenjournal« und die »Länderzeit« der drei MDR-Länder. Nebenher arbeitete er dann sogar für eine Weile schlussendlich doch noch in der ehemaligen Traumprofession als Radiomoderator, wenn auch nicht in Weimar, sondern bei Radio Antenne Sachsen. Das einst so wichtig scheinende fehlende Abitur oder gar Studium waren da schon eine ganze Weile kein Thema mehr. Die Zuschauergunst ist Steve bis heute gewogen und seine

meist mit einem Augenzwinkern versehenen Modera-
tionen sind aus dem Vorabendprogramm des MDR längst
nicht mehr hinwegzudenken.

MEPHISTO IN BLUEJEANS

Im Gespräch mit Emma meinte diese zwinkernd zwischen tiefen Einblicken in ihr Werden und Sein und dem überaus grotesken Augenblick, als das Taubenei über die Markise des Cafés kullerte, um mit einem satten Schmatzen auf dem Kopfsteinpflaster zu zerplatzen, sie sei: »[...] der Geist, der stets verneint! und das mit Recht [...].[15]«

Zunächst lächelte ich ob dieses Zitats aus des Geheimrates Werk. Nun jedoch, beim Kleiden Ihrer Geschichte in Silben und Zeilen, widerspreche ich leidenschaftlich, denn die Rolle des Mephistos, des eigentlichen Verlierers der großen Tragödie, der sich als Sieger gibt, um am Ende doch zusehen zu müssen, dass Dr. Faustus' Seele durch voraussetzungslose, absolute Liebe gerettet werden könnte – wenn auch nur könnte –, steht Emma nicht zu Gesicht. Hinterfragend und kritisch ist sie zweifelsohne und sicher treffen diese Attribute ganz besonders auf ihre bewegte Jugend inmitten des Umbruchs eines gesamten Gesellschaftssystems zu, doch trägt Emma keinerlei Züge einer aufrührerischen Widersacherin in sich, die niemals zum Erfolg gelangen wird. Ganz im Gegenteil! Ihr lustvolles Abklopfen möglicher Schwachstellen und Inkonsequenzen führt zu großem Gewinn, nicht nur für Emma selbst, sondern ebenso für die Menschen, die mit ihr im Diskurs stehen und somit völlig neue Betrachtungsebenen betreten. Emmas Kindheit verlief nicht ausschließlich unbefangen. Das kleine Mädchen lernte schnell von ihren Eltern, dass es Vorsicht walten lassen musste, in dem, was es außerhalb des geschützten Elternhauses gefahrfrei äußern durfte und welche Gedanken und Beobachtungen besser in den eigenen vier Wänden verbleiben sollten. Die grundlegende Frage, die Emmas Eltern zu beantworten suchten, war die, wie der christliche Glaube in Freiheit, also schlussfolgernd ohne Sozialismus gelebt werden konnte. Spätestens als Wolf Biermann Mitte der Siebziger Jahre aus der DDR ausgebürgert wurde, stellte sich ein Empfinden der Unerträglichkeit bei Emmas systemkritisch eingestellten Eltern ein, die seit jeher im Rahmen der evangelischen Kirche politisch-reaktionäres Gedankengut diskutierten und aktiv versuchten, der von staatlicher Seite abgesprochenen Mündigkeit der DDR-Bürger entgegenzuwirken. Emmas Eltern stellten einen Ausreiseantrag, der tatsächlich bewilligt wurde. Jedoch sollten sie im Austausch für die Erlaubnis, die DDR für immer verlassen zu dürfen, ihre Seele dem Teufel verkaufen. Unter der Auflage, die beiden Kinder, also Emma und ihren fünf Jahre jüngeren Bruder, zurückzulassen, damit diese in systemtreuen Pflege- oder Adoptivfamilien eine linientreue Erziehung zu wünschenswert dienenden Staatsbürgern erfahren konnten, genehmigte man das Ausreisegesuch der Eltern. Dieser Erpressung ließ sich nichts entgegensetzen, außer der bittere Zug, den Antrag zurückzuziehen, denn eine Trennung von den eigenen Kindern auf Nimmerwiedersehen stand für Emmas Eltern außer Frage.

Einschüchternd wirkte das Erfahren staatlicher Oppression jedoch nicht. Auch nach der Trennung der Eltern engagierte sich Emmas Mutter weiter und setzte sich für ihre Überzeugung des Rechtes auf Freiheit vor allem im Rahmen der Kirche ein. Emma erzählt, dass ihre Mutter regelrecht aufblühte und ihr ein Rollenbild vermittelte, das sie bewunderte und achtete.

Emma beendete die zehnte Klasse der Polytechnischen Oberschule im Jahre 1985 und wusste recht klar, dass sie gern in die beruflichen Fußstapfen ihrer Mutter treten wollte, die als Erzieherin in einer Tagesstätte für geistig behinderte Kinder tätig war. Um diesen Weg einzuschlagen, musste die junge Frau zunächst den Beruf der Heimerzieherin erlernen, um im Anschluss Rehabilitationspädagogik zu studieren. Sie bewarb sich um den gewünschten Ausbildungsplatz und wurde abgelehnt, weil das unter Stasibeobachtung stehende Elternhaus für den Versuch, dem Land den Rücken zu kehren, auch in der nächsten Generation der Kinder durch den staatlichen Druck der Sippenhaft bestraft werden sollte. Emmas Enttäuschung wog schwer.

Sie fühlte sich als Systemopfer.

Ihr Traum war geplatzt und sie würde niemals die Möglichkeit haben, ihren Wunschberuf erlernen und ausüben zu dürfen.

Stattdessen trat Emma eine Ausbildungsstelle als Krippenerzieherin an und zeigte sich dieser Entscheidung gegenüber, die für sie, statt von ihr getroffen wurde, weder sonderlich glücklich noch ausufernd unglücklich eingestellt. Immerhin blieb die Berufsausbildung im gleichen Genre und sie wurde nicht an eine Werkbank der volkseigenen Betriebe geschickt. Es hätte schlimmer kommen können, aber eben auch besser...

Während der ersten beiden Ausbildungsjahre teilte sich die Lehre in zweiwöchig wechselnde Rhythmen von theoretischem Unterricht an der Medizinischen Fachschule in Jena und praktischer Lehrunterweisung in einer Kinderkrippe der Stadt. Man setzte Emma in der Säuglingsgruppe der zugeteilten Praxiseinrichtung ein. Dort waren die jüngsten Kinder gerade einmal vier Wochen alt und die ältesten etwa ein Jahr.

Emma berichtet von einem recht ambivalenten Arbeitserleben. Die Arbeit mit den Kindern selbst bereitete ihr größte Freude. Die Arbeitsumstände indes waren hart und von der Willkür alteingesessener, den jungen Erzieherschülerinnen überwiegend unfreundlich gesinnter, recht lebensalter Kolleginnen durchwirkt. Entgegen der Nestwärme vermittelnden, kuscheligen Atmosphäre heutiger Kindertagesstätten hieß das Credo der Zeit sterile Sauberkeit in desinfizierter, klinischer Umgebung. All die Putz- und Desinfektionsarbeiten ließ man in der Regel von den jungen Lehrlingen vor und nach Dienstschluss verrichten.

Im Rahmen der praktischen Ausbildung an der Medizinischen Fachschule kam Emma erstmals mit dem Fach Psychologie in Berührung und zeigte sich sofort über alle Maßen fasziniert. Sie sog die Vorlesungen ihrer charismatischen Lehrerin auf wie ein Schwamm, ohne jedoch die Inhalte einfach nur hinzunehmen. Ganz im Gegenteil! Schnell fand sich eine Kommilitonin, die, ausgerüstet mit Blaupapier akribisch für beide mitschrieb und Emma damit den nötigen Raum schaffte, mit der Lehrerin angeregt und kritisch hinterfragend zu diskutieren.

Zur gleichen Zeit lernte Emma ihren Freund kennen, der gerade sein Abitur an der Erweiterten Oberschule vorbereitete. Aus ihrer Begeisterung für die Psychologie und die anderen medizinischen Fächer im Rahmen der Erzieherausbildung keimte in der jungen Frau der Wunsch, ebenso höhere Bildung anzustreben, um vielleicht, nachdem sie die Rehabilitationspädagogik ad acta legen musste, alternativ Medizinpädagogik zu studieren.

Im dritten Ausbildungsjahr, das keine theoretische Ausbildung, sondern ausschließlich praktische Tätigkeit vorsah, bewarb sie sich um einen Platz für das Abitur an der Abendschule. Sie bekam eine Zusage, musste sich allerdings parallel für die kommenden drei Jahre verpflichten, in einer städtischen Kinderkrippe zu arbeiten. Zwei Wochen später erhielt ihre Krippenleiterin einen Brief aus Berlin, in dem es hieß, sie könne doch kein Abitur ablegen. Emmas Kampfgeist war geweckt. Diese Chance auf Bildung und damit einhergehender Selbstbestimmung ließ sie sich nicht mehr nehmen. Sie stritt sich mit der Krippenleiterin aufs Äußerste, schrie sie an, dass sie das Abitur ablegen werden würde, und wurde letztlich in eine Kinderkrippe ans andere Ende der Stadt als »sozialistische Hilfe« strafversetzt. Ein ausgeklügelter Schachzug erneuter Staatsgewalt, der unter dem Tarnmantel des Aushelfens in einer Einrichtung mit angeblichem Personalmangel keine Möglichkeit des Protestes zuließ.

Trotz dieser Wendung, und all der damit verbundenen Widrigkeiten, verspürte Emma ein zufriedenes Gefühl des Erfolges. Sie hatte sich ihren Abiturplatz ertrotzt, verließ ab dato das Haus morgens um sechs Uhr, um mit dem Bus ans gegenüberliegende Stadtende zu fahren, arbeitete bis siebzehn Uhr in der Kinderkrippe und drückte anschließend vier Mal wöchentlich bis einundzwanzig Uhr die Schulbank. Ein anspruchsvoller Start ins Erwachsenenleben, den Emma in der Retrospektive dennoch positiv bewertet.

Sie fühlte sich unterstützt von ihrem Freund, hatte trotz aller Einschränkungen und Anforderungen Freude an der Arbeit mit den kleinen Kindern und lernte in einer motivierenden, menschlich wertvollen und sehr heterogenen Gruppe an der Abendschule. Emma fühlte sich wohl in der Gesellschaft ihrer Mitschüler, die allesamt ein Ziel vor Augen hatten und sich mit ihren vielfältigen Horizonten wohltuend vom Kreise der Mädchen in der Krippenerzieherklasse abhoben.

In Erinnerung geblieben ist Emma vor allem der Physiklehrer ihrer Abendschulklasse, der kaum Physik unterrichtete, sondern zunehmend revolutionäres Gedankengut mit den jungen Erwachsenen diskutierte. Ein jeder Donnerstagabend setzte sich nach Unterrichtsschluss in der Noll fort, einer Jenenser Traditionsgaststätte, die sich auch heute weiterhin größter Beliebtheit erfreut. Aus der bloßen Diskussion freiheitlicher Ideen wurde bald erstes politisches Handeln. Zusammen mit anderen ihrer Abiturklasse und unter Federführung des Physiklehrers, bildete sich eine Keimzelle des Umsturzes. Flugblätter klebend erlebte Emma einen bewussten, ganz persönlichen Moment des Erwachens und definierte sich ab dann als mündigen Menschen, der wirklich etwas bewegen konnte.

Nach all den seit Kindertagen omnipräsenten, prägenden Erlebnissen staatlicher Unterdrückung, war der Feind Stasi zwar weiterhin bedrohlich und bei allen Unternehmungen dabei, doch das Bewusstsein, dass es viele andere gab, die etwas bewegen wollten und sich trauten, dies auch anzugehen, bestärkte Emma über alle Maßen. Sie lernte, selbstwirksam zu werden, erkannte, dass man nur etwas schaffen wird, wenn man es in die eigene Hand nimmt und man Autoritäten unbequem hinterfragt, auch wenn dies nicht zu Beliebtheit führt. Emma erlernte den Mut und setzte diesen in die Tat um.

Im Frühsommer 1989 rückten die Abiturprüfungen näher und in Emmas Leben überschlugen sich die Ereignisse.

Ihr Freund, unlängst zur Armee in Erfurt eingezogen, durfte, wie in der NVA üblich, über Monate keine Heimatbesuche antreten. Für Emma war dies ein sehr zwiespältiges Erleben, zusehen zu müssen, wie ihr Freund ohne nennenswerten Kontakt nach außen sprichwörtlich eingesperrt wurde. Sie fuhr jedes Wochenende in die Kaserne, lernte mit ihm für das Abitur, vor allem im Fach Mathematik, was ihr zeitlebens Schwierigkeiten bereitete und staunte, dass ihr Freund keinerlei Ahnung vom zunehmenden Brodeln im Bodensatz des Landes hatte. Er wusste nichts von all den Friedensdemonstrationen. Die Flüchtlingsbewegungen gingen an ihm vorbei. Und eines Tages, während in der Stadtkirche zu Jena plötzlich Friedensveranstaltungen mit Günter Grass, Freya Klier und Stephan Krawczyk stattfanden, wurde er mit scharfer Munition ausgerüstet und die Angst ergriff Emma, dass ihr Freund ihr bald schon mit Schießbefehl auf einer Demonstration gegenüberstehen könnte.

Dennoch empfindet Emma diese reichlich gefährlichen Monate vom Frühling 1989, als sie während des Pfingsttreffens in Berlin winkend an Honeckers Tribüne vorbeimarschieren musste und kaum glauben konnte, wie viele weiterhin streng staatstreue Jugendliche keine Ahnung vom sich entwickelnden Revolutionsgeschehen hatten, bis in den Herbst zum Mauerfall als sehr lebendige, energiegeladene Zeit.

In der Kinderkrippe sang sie mit der Gitarre in der Hand Friedenslieder mit den Allerkleinsten[16]:

       Am   Dm   E   Am
Sind so kleine Hände, winz'ge Finger dran.
Am   Dm   E   Am
Darf man nie drauf schlagen, die zerbrechen dann.
C   G   Am
Sind so kleine Füße, mit so kleinen Zeh'n.
C   G   Am
Darf man nie drauf treten, könn' sie sonst nicht gehen.

       Am   Dm   E   Am
Sind so kleine Ohren; scharf, und ihr erlaubt.
Am   Dm   E   Am
Darf man nie nie zerbrüllen, werden davon taub.
C   G   Am
Sind so schöne Münder, sprechen alles aus.
C   G   Am
Darf man nie verbieten, kommt sonst nichts mehr raus.

       Am   Dm   E   Am
Sind so klare Augen, die noch alles sehn.
Am   Dm   E   Am
Darf man nie verbinden, könn' sie nichts verstehn.
C   G   Am
Sind so kleine Seelen, offen und ganz frei.
C   G   Am
Darf man niemals quälen, geh'n kaputt dabei.

       Am   Dm   E   Am
Ist so'n kleines Rückgrat, sieht man fast noch nicht.
Am   Dm   E   Am
Darf man niemals beugen, weil es sonst zerbricht.
C   G   Am
Grade, klare Menschen wär'n ein schönes Ziel.
C   G   Am
Leute ohne Rückgrat hab'n wir schon zuviel.

Emma umging die Absolventenzeit, die dreijährige Berufsverpflichtung im Anschluss an die Lehre zur Krippenerzieherin, indem sie sich darauf einließ, in den letzten Stunden der DDR kommissarisch das Amt der FDJ-Sekretärin der Jenenser Krippenerzieherinnen zu übernehmen, damit sie Psychologie studieren konnte. Sie schloss sich in Jena einer Umweltgruppe an, war Gründungsmitglied des Kukuk e. V., einem Verein für Kunst, Kultur und Kommunikation, und blieb trotz der großen einsetzenden Flüchtlingswelle bewusst in der DDR, um das System weiter von innen zu unterwandern.

Emma ging zu jeder Friedensdemonstration, stellte dabei wie so viele andere eine Kerze als Friedenssymbol ins Fenster und verkaufte nach dem Mauerfall Bluejeans von einem fliegenden Händler aus Westdeutschland auf dem Jenaer Markt, ehe sie im Herbst 1990 schließlich anstatt der noch vor einiger Zeit fokussierten Medizinpädagogik ein Studium der Psychologie an der Universität in Jena aufnahm.

Zuvor kündigte sie ihren Arbeitsplatz in der Kinderkrippe mit einem triumphierenden Freiheitsgefühl. Der Fall der Mauer symbolisierte den Fall aller belastenden Barrieren, die Emma zeitlebens unermüdlich überkletterte. Sie hatte ihre eigene Freiheit im Gleichklang mit der Freiheit des Landes erlangt, konnte studieren und gefahrfrei schrankenlos denken. Ein klares Gewinnen gegen das Verlieren. Keineswegs ein Mephisto – sondern energiegeladener Freigeist!

LEBENSWEGE, ABSCHNITTSWEISE

Die erste Seite füllte sich bereits zur Neige mit schnell gesetzten Buchstaben aus Tinte. Flink notierte Worte sensiblen Rückblickens auf Tomas' eng beschriebenes Erleben, festgehalten in vielen kurzen Stichpunkten. Dann setzte unerwartet leichter Regen ein und während Tomas in einem Nebensatz erwähnte, dass dies oder jenes Ereignis Teil seiner Wegstrecke des Sammelns von Fehlern gewesen sei, schwand ein wenig der Wehmut vergangener Tage und verflüchtigte sich in himmelblau auseinanderlaufenden Wölkchen auf dem dünnen Papier meines Notizbuches.

Wir entschieden uns, rasch Unterschlupf zu suchen, um den Kaffee nicht zu verwässern und die Geschichten nicht zu verdünnen. Das Lächeln fiel nun leichter, kam von Herzen und zwischen den neu entstehenden Zeilen schrieben sich bald unsichtbar und daher deutlich zu erkennen, zufriedene Zuversicht und lebenserfahrene Zwischenmenschlichkeit, je näher wir dem heutigen Tage kamen.

Tomas' Geschichte berührt mich sehr. Auf den ersten Blick scheint sie hier und da vom Scheitern zu erzählen, vom zu viel an Freiheit und gefährlicher Verführung. Doch sie trägt den Wagemut und das Überdauern im Saum ihres Kleides, das aus Hoffnung, bedachter Betrachtung des Lebens und schließlich vom Gewinn auf vielfältige Weise gewebt ist.

Tomas war schon in jungen Jahren ein nachdenklicher Mensch, der die Welt hinterfragte, sich hier und da gern romantischem Weltschmerz hingab und sonntags im Dresdner »Kellerklub« die schwarze Disko besuchte. Montags nahm er mit seinem Freundeskreis an den aufkeimenden Demonstrationen in der Stadt teil. Obwohl sich Tomas nicht als ausgesprochen systemkritisch einschätzte, fand er, dass es sich einfach richtig anfühlte, dabei zu sein, mitzuwirken und der Umgestaltung ein Gesicht zu verleihen. Das Land löste sich zusehends auf und Tomas empfand diese Tage der Wandlung als anregend furios und gleichsam einem Vakuum gleichend, welches die gewohnte Sicherheit auffraß.

Als er 1988 die Schule abschloss und den Beruf eines Maschinen- und Anlagenmonteurs erlernte, war es eher Last statt Lust, denn mit Metall arbeitete der feinsinnige junge Mann äußerst ungern. Glücklicherweise währte die Ausbildung zum Schlosser nur zwei Jahre und Tomas konnte seinem Ausbildungsbetrieb, dem DDR-weit vertretenen VEB HDR[17], bei dem er Wäschemangeln baute und wartete, rasch den Rücken zuwenden.

Im Anschluss verschlug es ihn für ein halbes Jahr auf Montage im Fassadenbau in die Nähe von München, bevor Tomas, eigentlich bereits für den Wehrdienst bei der Bereitschaftspolizei gemustert, dem Wendegeschehen geschuldet schließlich doch unterm Dach der Bundeswehr landete. Die Übergangszeit von der NVA zur Bundeswehr gestattete ihm einen Dienst, den er in der Schreibstube ohne große Anstrengung bei reichlich

Kaffee absaß. Einzig ein hinsichtlich der Körpergröße recht kleiner Hauptfeldwebel machte Tomas das Leben vor allem wegen seines cholerischen Umgangstones schwer und stellte ihm sogar noch nach seinem Ausscheiden per Telefon nach.

Tomas wollte nicht zurück auf die Baustelle oder in einen Schlossereibetrieb. Ein halbes Jahr grübelte er nach Ende der militärischen Dienstzeit, wie das Weiterhin seines beruflichen Werdegangs aussehen sollte und fasste dann zusammen mit drei Freunden den Entschluss, einen Laden zu eröffnen. Zwei Mitglieder des Gründungsteams sprangen schnell wieder vom Fahrt aufnehmenden Zug der Geschäftsidee ab.

Im September 1993 eröffnete Tomas mit seinem verbliebenen Mitstreiter den ersten Szeneshop der Gegend und bot Lederhosen und Doc Martens Boots an. Der aufflammenden Technozeit Rechnung tragend, nahmen Tomas und sein Kompagnon auch Clubwear ins Sortiment auf und vermieteten Ladenfläche an einen Dritten unter, der Schallplatten für den DJ-Bedarf verkaufte. Im Nebengelass zog bald darauf ein Tätowierer ein.

Das Geschäft lief erfolgreich, doch Tomas riss die Faszination der schier grenzenlos erscheinenden Möglichkeiten allmählich aus der Bahn. Auf Szenepartys in Chemnitz und Dresden begann er zu dealen, bezog das Gras für seine Schattengeschäfte aus Holland und landete Mitte der neunziger Jahre in den Fängen der Justiz. Fünfzehn Monate hinter Gittern läuterten ihn.

Die Familie hielt zu Tomas, trotz der aus dem Umfeld vielfach vermittelten Scham. Welch ein Glück, darin Halt zu finden in haltlosen, endlos scheinenden Wochen! Tomas verbrachte die langen Tage im Gefängnis mit Lesen und Schreiben, meldete sich für den Hausdienst und putzte. Alles war recht, um der langen Zeit hinter verschlossenen Türen, sinnvoll Struktur zu verleihen.

Zurück im Leben eröffnete er einen neuen Laden mit Second-Hand-Mode, Vintageschmuck und Rauchzubehör. Bis Anfang der Zweitausender führte er seinen Head-Shop nahe dem Dresdner Eliasfriedhof allein, stellte dann einen Piercer als freien Mitarbeiter ein und verkaufte das Geschäft schließlich an einen Bekannten, dem er vertraute, der jedoch dieses Vertrauen missbrauchte und niemals seine Schuld beglich. Abermals musste Tomas Lehrgeld auf bittere Weise zahlen.

Die folgenden Jahre glichen einem Auf und Ab im beruflichen und persönlichen Sinne. Tomas, mittlerweile Vater einer eineinhalbjährigen Tochter, trennte sich von seiner Freundin, die ihm daraufhin jeglichen Kontakt zu seinem Kind untersagte. Er ging nach Tirol und arbeitete dort als Küchenhilfe, kam allerdings nach kurzer Zeit zurück, weil ihn die Sehnsucht nach seiner Tochter umtrieb und formierte eine Selbsthilfegruppe gegen die Sorgerechtsungleichheit. Diese Selbsthilfegruppe mündete schließlich in der Gründung des Vereins WIRkungsvoll e.V., der mit einer Wanderausstellung von Elternporträts von Menschen, die alle das gleiche Schicksal der erzwungenen Ferne zu ihren Kindern teilten, deutschlandweit Furore machte. Erstmals wendete sich Tomas, der passionierte Leser, während seines Engagements für den Verein der Entstehungsseite von Literatur zu und brachte zwei Anthologien heraus.

Während der Tätigkeit im Verein WIRkungsvoll e.V. übernahm Tomas die Schirmherrschaft für eine Gewaltschutzwohnung für Männer, die in der kurzen Zeit ihrer Existenz im Landkreis immer ausgelastet war, und stieß auf unüberwindliche Grenzen in der lokalen Politik und Gesellschaft, dieses Projekt als dauerhaft zu etablieren. Resignierend legte er das Amt nieder und gleichsam publikumswirksam offen, wo er überall auf Unwillen stieß und scheitern musste.

Tomas besann sich ein weiteres Mal und erinnerte sich seines Grundschulwunsches, Schriftsteller zu werden. Er veröffentlichte einen Band mit eigener Lyrik und Prosa in einem kleinen Verlag und gründete bald sein eigenes Verlagshaus. Heute ist Tomas auf mehrfache Weise angekommen – als wesentlicher Gestalter der (Sub)Kulturlandschaft Mitteldeutschlands beispielsweise. Und er ist nach vielen Umwegen bei sich selbst angekommen, denn er wurde als Verleger und literarischer Veranstalter zum Wegbegleiter des Nachdenkens und Verschriftlichens vieler, die die eigenen Zeilen mit seiner Expertise zwischen mit großer Hingabe erschaffene Buchdeckel drucken.

DAVOR UND DANACH, DOCH IMMER MITTENDRIN

Einzig die erwartungsfrohen Umstände der Mutter hinderten Andreas' Eltern daran, im Sommer 1989 die Lausitz zu verlassen und als Teil der Flüchtlingswelle der DDR zugunsten eines Neuanfangs in Westdeutschland den Rücken zu kehren. Angesichts der Berichterstattung, der die Familie auf den Sendern ARD und ZDF aufmerksam folgte, nährte sich zumindest die Hoffnung der Eltern auf baldige Änderung der Lebensumstände.

Dennoch waren Andreas' Mutter und der Stiefvater überrascht, als sie im Fernsehen die Pressekonferenz sahen, im Zuge derer Günter Schabowski mehr oder weniger geplant die Grenzen der DDR für geöffnet erklärte. Zwei Tage danach reisten der Siebtklässler und sein Stiefvater erstmals nach Westberlin und fragten sich dort durch die Läden durch, um schließlich vor dem Geschäft des Bruders der Oma zu stehen, der mit Braut- und Cocktailmoden handelte. Mit Weintrauben von Aldi im Gepäck fuhren sie schließlich an diesem ereignisreichen Tage zurück ins Heimatdorf nahe Senftenberg und nur wenig später erblickte Andreas' kleine Schwester das Licht einer völlig neuen Welt.

Schon Ende November kehrte Andreas mit seinem Stiefvater zurück nach Westberlin, um dort mit diesem die Fassade des Hauses von Verwandten zu streichen. Ein erster Verdienst in harter Westwährung. Während der Stiefvater arbeitete, schnappte sich Andreas ein Fahrrad und begann, die Gegend zu erkunden. Im neugierigen Entdecken verlor er rasch die Orientierung und irrte stundenlang durch die unbekannten Straßenzüge. Irgendwann fand er vom Zufall geleitet doch zurück und erinnert sich noch heute an das glückliche Gefühl der Erleichterung – eine kleine Episode mit schier metaphorischem Vorausblick auf all die Jahre, die folgen sollten.

Andreas' Eltern vertrieben bald mit ideenreichem Geschäftssinn bei Aldi in Westberlin erstandene Weihnachtsdekoration auf den Wochenmärkten von Senftenberg und Schwarzheide, während das Schulleben des Jungen durch Veränderungen geprägt war, die den Wandel der Zeiten spiegelten. Aus der Polytechnischen Oberschule, die er besuchte, formte sich eine Realschule. Die ehemalige Lehrerin für Staatsbürgerkunde unterrichtete über Nacht nur noch Deutsch und die Klassenlehrerin, einst Russischlehrerin, gab plötzlich Englischunterricht, den eigenen Schülern dabei immer nur um Nasenlänge voraus im Kenntnisstand.

Nach der Wiedervereinigung übernahmen Andreas' Eltern ein Lokal am Sportplatz und diese Gaststätte wurde zum Dreh- und Angelpunkt in des Schülers Leben. Direkt nach der Schule, die Hausaufgaben geradeso erledigt, ging er in die Kneipe, schloss diese täglich auf und arbeitete mit.

Nachmittags war nie viel los. Nur wenige Stammgäste fanden ihren Weg während der Tagesmitte ins Gasthaus. Andreas hatte viel Zeit für sich und seine durch Klassenkameraden neu entdeckte Leidenschaft für Krach allerlei

Art, wie seine Eltern verständnislos kopfschüttelnd bemerkten, nämlich Rock 'n' Roll und Punkrock.

Im Sommer 1992, die Schule jüngst beendet, genoss Andreas seine letzten Sommerferien. Er fuhr mit Freunden mit dem Fahrrad nach Tschechien und zeltete dort einen unbeschwerten Sommer lang.

Zu Hause entschieden sich seine Eltern indes, die Sportplatzgaststätte abzugeben und statt dieser eine Pension mit Gastbetrieb in einer nahen Kleinstadt zu erwerben. Darüber hinaus pachteten sie einen Pferdehof. An Arbeit mangelte es daraufhin nie.

Andreas begann eine überbetriebliche Ausbildung zum Restaurantfachmann, wechselte nach einem Monat ins Billardcafé Elysee in Senftenberg und beendete dort die dreijährige Lehrzeit. Obwohl er dort noch weitere zwei Jahre im Anschluss arbeitete, ging es nach Feierabend in den elterlichen Betrieben pausenlos weiter. Hoch verschuldet gaben die Eltern dennoch bald gezwungenermaßen auf. Der Ertrag aus dem mageren Kundenstrom deckte all die Verpflichtungen nicht. Es kamen, obwohl noch wenige Jahre zuvor eine beliebte Urlaubsgegend der Ostdeutschen, keine Urlauber mehr und mit sieben weiteren gastronomischen Betrieben im Ort, zeigte sich die Konkurrenzsituation ungesund gedrängt. Selbst das Vermieten einer Gulaschkanone für Feste aller Art, das Anbieten von Kutschfahrten auf dem Reiterhof oder Reitstunden für alle, die das Reiten erlernen wollten, wirkten nicht als Kundenmagnete.

Andreas' Eltern entschieden sich, der Lausitz nun doch den Rücken zu kehren, und zogen nach Düsseldorf. Andreas wollte der Familie eigentlich nicht folgen. Als ausgelernter Kellner scheute der junge Mann die Kosten der Großstadt, die sich mit seinem geringen Einkommen, er verdiente einen Stundenlohn von gerade einmal fünf Mark, vermutlich kaum decken ließen. Doch da seine Mutter sofort eine Tätigkeit in ihrem schon viele Jahre nicht mehr ausgeübten Lehrberuf als Krankenschwester im Uniklinikum Düsseldorf ergatterte, fasste er Mut und schloss sich dem Umzug an.

Andreas fand eine Anstellung als Kellner und sah sich einer völlig neuen Welt und sehr fremden Mentalität ausgesetzt. Nach nur einem Monat als Kellner entschied er sich, noch einmal völlig neu anzufangen und begann eine Lehre als Maler und Lackierer in der Firma, in der sein Stiefvater bereits arbeitete. Da er zuvor schon viel Erfahrung im handwerklichen Bereich gesammelt hatte, bekam er sehr früh in der Lehrzeit eigene Baustellen übertragen. Mit dem Hinweis seines Chefs, dem Architekten bloß nicht zu verraten, dass er noch Lehrling sei, strich Andreas beispielsweise im ersten Lehrjahr die Fassade eines Altenheims eigenverantwortlich. Trotz des großartigen beruflichen Feedbacks glückte es Andreas nicht, sich wirklich einzuleben. Er vermisste nicht nur die alte Lausitzer Heimat und seine dort zurückgelassenen Freunde, sondern auch seine Freundin. Weil er in der Nacht vor dem Umzug nach Düsseldorf mit allen Zurückbleibenden eine rauschende Abschiedsparty gefeiert hatte, schrottete Andreas sein Auto und verlor zudem seinen Führerschein für die folgenden zwei Jahre. Nichtsdestotrotz fuhr er jedes Wochenende mit dem erschwinglich günstigen Wochenendticket nach Hause in die Lausitz, auch wenn dies eine zwölfstündige Zugfahrt mit sieben Umstiegen bedeutete.

Erst als sich Andreas von seiner Freundin trennte, erschloss er sich nach und nach einen neuen Freundeskreis in Düsseldorf. Die Besuche in Brandenburg reduzierten sich zusehends und viele der alten Freunde verstreuten sich ohnehin im Laufe der Zeit in ganz Deutschland.

Andreas beendete die Lehre erfolgreich und stieg sofort im Trockenbau ein, verdiente gutes Geld und wurde schnell Vorarbeiter.

Obwohl er während seiner ostdeutschen Jugend bedingt durch seine Kneipentätigkeit quasi der Kommunikationsmittelpunkt des Freundeskreises war, zeichnete sich Andreas eher zurückhaltend, gar schüchtern im Umgang mit anderen. Er war zwar immer und überall mit dabei, jedoch stärker im Hintergrund. Dies änderte sich schlagartig, nachdem der Mittzwanziger seinen Lebensmittelpunkt auch gefühlsseitig nach Düsseldorf verlegte.

Sprichwörtlich die Sau rauslassend, fehlte Andreas fortan auf keiner Party im Herzen der Altstadt mehr, hatte unzählige One-Night-Stands und holte seine Teenagerzeit in den Zwanzigern nach. Irgendwann lernte er seine Freundin kennen, zog mit ihr zusammen und bekam mit ihr nach kurzer Zeit ein von beiden herbeigesehntes Kind.

Nach einer Bilderbuchschwangerschaft und einer problemlos verlaufenden Entbindung schien dem Glück nichts mehr im Wege zu stehen. Doch schon nach der ersten Nacht im Leben des Sohnes wandelte sich das Schicksal. Eine seltene Stoffwechselerkrankung mit damit verbundener Muskelschwäche führte zu vielen Komplikationen. Andreas' kleiner Sohn wurde mit akuten Atemproblemen und einem überanstrengten, viel zu großen Herzen auf die Kinderintensivstation der Uniklinik verlegt. Die jungen Eltern, völlig überfordert von dieser rasanten, furchtbaren Entwicklung, sahen sich unvermittelt der Entscheidung gegenüber, das Kind an einer riskanten, ungewissen Medikamentenstudie teilnehmen zu lassen oder während der sowieso nur sehr geringen prognostizierten Überlebenszeit zu Hause in Ruhe zu pflegen.

Sie entschieden sich, ihr Kind mit nach Hause zu nehmen. Nach nur einem halben Jahr verstarb der Kleine an einer Lungenentzündung. Andreas' Freundin, psychisch durch all die Ereignisse schwer belastet, schob Andreas die Schuld am Tode des Sohnes zu, meinte gar, es müssen seine Gene gewesen sein, die zu dieser Katastrophe führten. Andreas trennte sich, selbst völlig ausgebrannt und verzweifelt, stürzte sich in Arbeit und versuchte, der Trauer um seinen Sohn zu entfliehen.

Am ersten Geburtstag holte ihn das Erlebte ein wie ein übermächtiger Tsunami und überrollte ihn vollumfänglich. Andreas versuchte, sich mit Tabletten das Leben zu nehmen. Es glückte ihm nicht. Psychisch jenseits jeglicher Zurechenbarkeit, entschied er, sein Leben dennoch zu beenden, schloss die Wohnungstür hinter sich und kehrte nie wieder zurück. Stattdessen ging er auf die Straße und wollte dort sterben.

Er meldete sich nirgends, verschwand einfach aus dem Leben seiner Familie und Freunde, als wäre er plötzlich unsichtbar. Die Verzweiflung hatte Besitz von Andreas ergriffen und ließ keinen Raum mehr für irgendein anderes Gefühl.

Irgendwie überlebte er den ersten Winter im Zelt am Rheinufer, sammelte Flaschen und verkaufte irgendwann die Obdachenlosenzeitung der Stadt. Andreas richtete sich ein im hoffnungslosen Nichts.

Mitten in einer niederschlagsreichen Januarnacht überspülte der Rhein sein Zelt. Andreas watete an Land, war klatschnass. Das Thermometer zeigte weit unter null. Er überwand sich und rief seine Eltern aus einer Telefonzelle an. Diese meinten, nachdem er seine Situation geschildert hatte, er könne am nächsten Tag mal vorbeikommen. Gerade eben wäre es jedoch ungünstig.

Andreas meldete sich nie wieder zu Hause.

Er fuhr die gesamte Nacht mit der Straßenbahn quer durch die Stadt, um sich irgendwie aufzuwärmen und zu trocknen. Am nächsten Morgen hatte die Feuerwehr sein Zelt bereits geborgen und entsorgt.

Andreas überstand auch diesen zweiten Winter auf der Straße, allein und dennoch immer fern aller Drogen und Alkohol.

Im kommenden Dezember kaufte er ein Weihnachtsmannkostüm und verdiente sich auf dem Weihnachtsmarkt damit Geld. Es reichte sogar, um in einem günstigen Hotel zu wohnen. Als er irgendwann einen hartnäckigen Ausschlag bekam und diesem beim Obdachlosenarzt zeigte, schickte ihn dieser sofort ins Krankenhaus. Ein Andreas wohlgesonnener Sozialarbeiter der Obdachlosenhilfe besorgte ihm eine Krankenversicherung und stellte beim Amt den Antrag auf Unterstützung. Andreas ließ sich im Krankenhaus untersuchen. Man stellte eine schwere Gürtelrose fest, und ebenso den Grund für diese – Andreas' HIV-Test zeigte nicht nur ein positives Ergebnis, sondern lieferte auch die erschreckende Erkenntnis, dass die Ansteckung bereits zwischen fünf und zehn Jahren zurückliegen musste.

Völlig hilflos fehlte Andreas der Mut, sich mit dieser Diagnose auseinanderzusetzen. Eigentlich wollte er nur noch aufgeben. Endgültig. Doch der Sozialarbeiter der Obdachlosenhilfe intervenierte und besorgte Andreas ein Zimmer im Wohnheim für junge Männer. Dort steckte man ihn bewusst in die Drogengruppe, obwohl er doch nie mit Drogen in Berührung gekommen war. Einzig die Gewissheit, dass er dort unbehelligt sein würde, ohne großen Kontakt zu den anderen, die ihn wegen seiner Diagnose ablehnen könnten, war ausschlaggebend für diese Entscheidung.

Es war letztlich genau dieses Todesurteil, dass Andreas Schritt für Schritt zurück ins Leben holte. Jeder einzelne gesetzte Fuß auf diesem steinigen Pfad brachte ihn vorwärts. Die Einstellung auf die lebensnotwendigen HIV-Medikamente vollzog sich unsagbar schwierig und zog einen üblen Rattenschwanz an vielerlei Nebenwirkungen mit sich. Andreas kämpfte sich dennoch voran und begann ehrenamtlich in der AIDS-Hilfe zu arbeiten. Er ließ sich darauf ein, Therapien gegen seine Depressionen zu beginnen. Die Suche nach der richtigen Behandlung stellte einen langwierigen Prozess dar, immer wieder von Krankenhausaufenthalten und schweren Rückschlägen geprägt. Andreas kehrte Düsseldorf schließlich den Rücken und kam in den Osten zurück. Dort fand er endlich nicht nur die passende Therapie, sondern auch eine neue Liebe und erkannte schließlich, dass er wieder etwas bewegen konnte und vor allem wollte.

EIN SOHN DER GROSSEN BÄRIN

Eigentlich stand Svens späterer Beruf längst fest.

Hätte man seine Eltern und Lehrer nach der zukünftigen Profession des Jungen gefragt, wäre der einstimmige Tipp auf Kunstlehrer gefallen. Sven liebte Zeichnen und Bücher gleichermaßen. Er lebte mit überbordender Begeisterung die Indianerwelten Liselotte Welskopf-Henrichs und zeichnete höchst talentiert nicht nur Gojko Mitic fest im Sattel sitzend, sondern auch die technischen Raffinessen der neuesten Waffensysteme der NVA. Geschichte interessierte ihn ebenso. Sven ging gern zur Schule und brachte sehr gute Noten nach Hause. Als Wandzeitungsredakteur der Klasse konnte er seine Begabung ausleben und schuf vor allem zum Tag der NVA alljährlich besondere Kunstwerke in Buntstift auf großem Format.

Dann passierte das Unbegreifliche! Sven wurde zur Abschlussprüfung der POS im Jahre 1988 im Fach Deutsch das Thema »Junge Menschen in unserem sozialistischen Alltag« zugeteilt. Er schrieb enthusiastisch drauf los und beleuchtete den Kommunismus und Sozialismus aus allen Perspektiven, nur nicht aus der Sicht der Jugend und verfehlte das Thema vollumfänglich. Selbst mit der Vornote Eins ließ sich die gnadenlose Fünf nicht mehr ausbügeln und so stand auf seinem Abschlusszeugnis eine sprichwörtlich mittelmäßige Drei, die den fest anvisierten Weg des Abiturs und anschließenden Studiums wie eine Seifenblase zerplatzen ließ.

Kein Abitur?

Kein Studium?

Kein Plan!

Svens Eltern meinten pragmatisch, er müsse Geld verdienen und solle einen handwerklichen Beruf erlernen. Mit der Empfehlung, Polsterer zu werden, bewarb sich Sven als einer von unzähligen Jugendlichen bei einem einundsechzigjährigen Polsterermeister und wurde eingestellt. Lob setzte der gestrenge Lehrmeister äußerst sparsam ein, doch Sven schlug sich tapfer und resümiert noch heute, dass diese Lehre Gold wert war. Dennoch sollte ihn die Ausbildung in diesem Handwerk kein Glück bringen. Gerade noch goldenen Boden beschreitend, denn aufgrund des Mangels an neuen Polstergarnituren aus sozialistischer Produktion konnten sich Polsterer vor Aufträgen kaum retten, brach die Nachfrage mit dem Mauerfall komplett zusammen. Überall schossen Billigmöbelmärkte mit Billigsofas wie Pilze aus dem Boden und keiner wollte mehr das Geld aufbringen, alte Möbel vom Polsterer neu beziehen zu lassen, wenn man einen neuen Sessel für eine schmale Mark nach Hause tragen konnte.

Abermals stellte sich Sven die Frage, wie er seine Zukunft gestalten sollte.

Eine Tätigkeit am Fließband kam für ihn nicht in Frage. Nach Lehrende grübelte er einige wenige Monate und entschied sich, auf einen jüngst losgefahrenen Zug aufzuspringen, der bereits in voller Fahrt war: Sven begann eine zweite Ausbildung im Handwerk und wurde Autolackierer. Sein Ausbildungsbetrieb war der einzige in der Umgebung, der technisch auf Westniveau arbeitete. Allerorts kauften sich die Menschen preisgünstige Schrottautos von westdeutschen Händlern und ließen sich diese aufhübschen. Svens Betrieb wurde förmlich überrannt. Er beendete die Lehre, machte viele Überstunden und verdiente gutes Geld, das er sofort wieder ausgab. Sven hatte es nie gelernt, mit Geld umzugehen und der gut gemeinte Hinweis, dass man sparen müsse, erklärte nicht, wie dies zu bewerkstelligen sei.

Sein Verdienst floss unter anderem in zahlreiche teure Schallplatten. Musik, seit seiner Teilnahme an einem Spezialistenlager für Kunst und Malerei im Alter von zwölf Jahren eine große Leidenschaft des jungen Mannes, kostete. Darüber hinaus besuchte er Konzerte, suchte sich teure Autos aus, die er mit noch teureren Finanzierungen erwarb und verfiel den glänzenden Verlockungen der neuen Welt nach und nach gänzlich.

Obwohl seine monatlichen Einkünfte deutlich über dem Durchschnitt lagen, kam irgendwann der Tag, an dem Sven seinen Verpflichtungen nicht mehr nachkommen konnte und er nur dank der finanziellen Unterstützung seiner Eltern aus dem Schuldenstrudel entfliehen konnte. Nie wieder ging er seitdem einen großen Kredit ein.

Über Nacht hatte Sven gelernt, was es heißt, zu haushalten.

Seinen Optimismus und Wagemut verlor er jedoch nie.

Heute ist Sven selbstständiger Unternehmer als Lackierer und ab und zu auch Konzertveranstalter. Sein Beruf ist ihm zur Erfüllung geraten und die Leidenschaft
für Kunst und Kultur zur Berufung.

Im Einklang mit sich selbst spricht er davon, allzeit
großes Glück gehabt zu haben.

Inhalt

Prolog 9

Marktwert 12

Tatkraft, Mut und Einzelhaft 20

Richtungswechsel 24

Wegweiser 29

Wortfindung 34

Herzenssache 39

Im wilden Osten 47

Tiefgang 55

Du hast den Farbfilm vergessen 61

Temperatursturz 64

Zwei Herzen, eine Brust 70

Berufspendler 79

Schneller, als die Polizei erlaubt 86

Schwarze Magie 91

Mit freundlichen Grüßen 96

Les Voyages Extraordinaires 100

Trauerjahr 108

Gelobtes Land 110

Tauschgeschäfte 116

Absoluta Condicione 123

Alchemie mit Fußpilz 132

Ätherisch 137

Mephisto in Bluejeans 146

Lebenswege, abschnittsweise 156

Davor und danach, doch immer mittendrin 161

Ein Sohn der großen Bärin 170

Erläuterungen

[1]HO – Handelsorganisation, staatliches Einzelhandelsunternehmen der DDR, das neben Lebensmitteln auch Haushaltswaren anbot und einen Großteil der Gaststätten im Land betrieb

[2]Moskwitsch war ein sowjetischer Automobilhersteller aus Moskau

[3]Schiwko, slawischer Männername

[4]Glasnost und Perestroika – Offenheit und Umgestaltung, Zielrichtung der Reformen des Generalsekretärs der Kommunistischen Partei der Sowjetunion Michael Gorbatschow Mitte der Achtziger Jahre in der Sowjetunion

[5]http://www.drkoerner.net/DDverordn/bbbewerbord.htm, 18.01.2022

[6]Stabü – kurz für Staatsbürgerkunde

[7]Kaláschnikow

[8]Parlament der DDR

[9]Reisebüro der FDJ

[10]Kriegsdienstverweigerung in der DDR, Soldaten mit Spaten statt Waffe in den Baueinheiten der NVA – meist mit Nachteilen im späteren Berufs- und Privatleben verbunden

[11]Chinesisch für Demokratie

[12]Agra in Leipzig – Gelände der Landwirtschaftsausstellung der DDR

[13]American Forces Network ist ein weltweites Netz von Hörfunk- und Fernsehsendern der US-amerikanischen Streitkräfte im Einsatz

[14]Deutscher Fernsehfunk, Fernsehanstalt der DDR, Ende 1990 zunächst von den ARD-Anstalten übernommen und ab Mai 1991 bspw. in den MDR, dem Regionalsender der ARD für Thüringen, Sachsen und Sachsen-Anhalt mündend

[15]Johann Wolfgang von Goethe: Faust I, Vers 1338 ff.; Mephistopheles.

[16]Bettina Wegner: Kinder, 1976

[17]Hauswirtschaftliche Dienstleistungen und Reparaturen